# 가장 쉬운

# AI 입문서

## 〈인공지능〉

**오니시 가나코** 지음
**전지혜** 번역

─○ **머신러닝, 딥 러닝**에 대한 원리를 알기 쉽게 설명 ○─

**오니시 가나코** 박사(자연과학)

국립연구개발법인 정보통신연구기구, 유니버설커뮤니케이션연구소,
데이터구동지능시스템연구센터 연구원
1983년 에히메현 출생. 2006년 오차노미즈 여자대학 자연과학부 정보과학과 졸업.
2007년 오차노미즈 여자대학원 인간문화연구과 수리정보과학 전공(박사 전기 과정)을 단축 수료.
2009년 신인 연구자 ITP로 스트래스클라이드 대학에서 유학. 2012년 오차노미즈 여자대학원
인간문화창성과학연구과 자연과학 전공(박사 후기 과정) 수료. 박사(자연과학). 같은 해에 주식회사
NTT도코모 입사. 잡담 대화 엔진 개발에 종사한 후 2016년부터 현직(파견). 일관된 자연 언어 처리, 특히 대화에 관한
연구 개발에 종사. 인공지능과 대화 기술에 관한 강연과 집필 활동도 벌이고 있다.

**번역 전지혜**

대학에서 이공 계열을 전공, 일본에서 유학한 후 일본계 전자회사에서 일하면서 익힌 전문적인 내용을 바탕으로
번역 일을 시작했다. 번역 일을 천직이라 느껴 2014년부터 본격적으로 프리랜서 번역가로 전향했다. 현재는 다수의
산업 번역과 함께 수많은 출판 번역을 함께 진행하며 활동 중이다. 주요 역서로는 《PDCA 노트》, 《그림으로 생각하면
심플해진다》, 《적게 자도 괜찮습니다》, 《카메라, 시작해보려 합니다》 등이 있다.

ICHIBAN YASASHII AI <JINKO CHINO> CHO NYUMON by Kanako Onishi
Illustrated by Fumiaki Ohno (Ohno Design Office)
Copyright ⓒ Kanako Onishi, 2018
All rights reserved.
Original Japanese edition published by Mynavi Publishing Corporation

Korean translation copyright ⓒ 2019 by Atio
This Korean edition published by arrangement with Mynavi Publishing Corporation, Tokyo,
through HonnoKizuna, Inc., Tokyo, and Shinwon Agency Co., Seoul

# 가장 쉬운 AI(인공지능) 입문서

2019년 7월 10일 초판 발행
2022년 8월 10일 5판 발행

| | |
|---|---|
| **펴낸이** | 김정철 |
| **펴낸곳** | 아티오 |
| **지은이** | 오니시 가나코 |
| **번 역** | 전지혜 |
| **편 집** | 이효정 |
| **전 화** | 031-983-4092~3 |
| **팩 스** | 031-696-5780 |
| **등 록** | 2013년 2월 22일 |
| **정 가** | 15,000원 |
| **주 소** | 경기도 고양시 호수로 336 (브라운스톤, 백석동) |
| **홈페이지** | http://www.atio.co.kr |

이 책에 관한 홈페이지는 아래 URL을 통해 접속할 수 있습니다. 해당 페이지에서 내용 추가 및 수정 정보를 확인할 수 있습
니다. https://book.mynavi.jp/supportsite/detail/9784839965594.html

# PREFACE

'AI(인공지능)란 무엇을 의미합니까?'라는 질문에 정확히 대답할 수 있나요?

끊임없이 눈부신 발전을 이루고 있는 AI 기술은 이미 우리의 일상생활에 깊숙이 들어와 빼놓을 수 없는 중요한 필수품이 되고 있는 상태입니다.

이렇게 AI에 익숙한 생활을 보내면서도 정작 AI의 실태를 정확히 파악하고 있는 사람은 매우 드뭅니다. AI는 무엇이든 할 수 있는 마법의 지팡이와 같은 존재가 아닙니다.

이 책은 AI에 관해 알고 싶을 때 가장 먼저 읽어야 할 책이라는 점을 기준 삼아 집필했습니다.

수학에 관한 지식이 없어도 AI의 기본 개념을 이해할 수 있습니다.

수학을 활용하여 설명하지는 않았지만 'AI는 결국 무엇을 하는지'에 관한 내용도 자세히 다루고 있으므로 앞으로 본격적으로 AI에 관해 공부하려는 분들께도 추천할 수 있는 책입니다.

이 책이 여러분이 AI를 이해하는 데 도움을 줄 수 있기를 바랍니다.

오니시 가나코

# CONTENTS

# CONTENTS

# AI의 기본

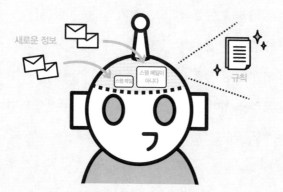

CHAPTER

01

# AI란 무엇인가?

## '지능'이란 무엇을 의미하는 것일까?

최근 'AI로 ○○을 구현'했다거나 'AI 가전제품'처럼 AI라는 단어가 들어간 광고 문구가 많이 등장하고 있습니다. 대부분의 사람들은 광고나 대화를 할 때 AI라고 말하면 어쩐지 굉장한 기술처럼 생각하고는 합니다. 그렇다면 AI란 과연 무엇을 의미할까요? 또 AI는 광고 문구에서 어떤 의미로 사용되고 있을까요? 아이러니하게도 실제로 AI라는 말을 사용하는 사람들조차 'AI가 무엇인가?'라는 질문에 제대로 대답할 수 있는 사람이 생각보다 적습니다.

딱 잘라 말해서 AI란 '인공지능'을 의미합니다. 이 말을 좀 더 길게 풀어 쓰면 '컴퓨터상에서 인간의 지능을 재현한 것, 또는 재현하기 위한 기술'을 의미합니다. 그러면 '인간의 지능'이란 무엇을 의미하는 걸까요? 만약 인간의 지능이 계산하는 능력을 의미하는 것이라면 우리들이 사용하고 있는 컴퓨터는 이미 인간보다 정확하고 신속하게 계산할 수 있으니 인간의 능력을 뛰어넘었다고 할 수 있습니다. 그렇다면 이렇게 훌륭한 계산 능력을 갖춘 컴퓨터가 과연 인공지능에 해당할까요? 절대 그렇지 않습니다. 우리들은 집이나 사무실에 있는 데스크탑이나 노트북 컴퓨터를 인공지능 컴퓨터라고 말하지는 않습니다. 즉, 인공지능이란 단순한 계산 기능뿐만 아니라 어떤 창조적인 처리 기능을 갖추고 있는 경우가 많습니다.

AI라고 하면 로봇을 떠올리는 사람들도 많은데 AI는 로봇에만 탑재할 수 있는 기능이 아닙니다. 물론 자율 주행 자동차나 로봇처럼 '컴퓨터가 스스로 지적인 업무 처리를 하는 기기'를 AI라고 표현하는 경우도 많습니다. 최근에는 청소기나 전기밥솥처럼 단순한 동작만 수행하는 가전제품에도 AI 기능이 탑재되어 있기도 합니다. 그래서 요즘은 어딜 가나 AI라는 말을 자주 들을 수 있는 것입니다.

## '컴퓨터가 스스로 생각한다는 것'은 무엇을 의미하는가?

만약 "인공지능(AI)으로 무엇이든 해봐!"라는 말을 들었을 때 무엇을 어떻게 해야 '인공지능으로 어떤 일을 해냈다' 라고 할 수 있을까요? 이 질문에는 대답하기 매우 힘듭니다. 왜냐하면 어디부터 어디까지가 인공지능인지 명확한 기준이 없기 때문입니다. 그래도 굳이 대답해야 한다면 저는 '알려준 것 이상의 일을 처리할 수 있어야 한다'라고 대답합니다. 이는 결국 '스스로 생각하여 판단할 수 있음'을 의미합니다. 그렇다면 '알려준 것 이상의 일을 처리할 수 있어야 한다'라는 말은 구체적으로 무엇을 의미할까요? 인공지능이 무엇인지 인터넷 쇼핑의 추천 기능을 예로 들어 설명해 보겠습니다. 우리는 인터넷 쇼핑몰에 접속해서 특정 상품을 구매하려 할 때 그 상품에 더하여 추가로 구매하면 좋을 상품에 대한 추천 화면이 뜨는 것을 종종 볼 수 있습니다. 예를 들어 특정 컴퓨터를 산 사람들 대부분이 특정 마우스도 같이 구매했을 경우 그 컴퓨터를 사려는 사람에게 특정 마우스도 같이 추천하는 기능을 말합니다. 이것을 좀 더 쉽게 설명하기 위해 우유와 빵을 구매할 때를 예로 들어 보겠습니다.

> 어느 날 A 씨는 어느 웹 사이트에서 우유와 멜론 빵을 샀습니다. 그리고 다음 날 같은 웹 사이트에서 B 씨는 우유만 샀습니다. 이때 컴퓨터가 B 씨에게 멜론 빵도 함께 구매하지 않겠냐고 추천했다고 하면 이러한 기능을 인공지능이라고 부를 수 있을까요?

정답은 '아니요' 입니다. 이런 기능은 이 책에서 말하는 인공지능에 해당하지 않습니다. 왜냐하면 단순히 먼저 우유를 산 사람(A 씨)이 함께 구매한 물건을 B 씨에게 소개했을 뿐이기 때문입니다. 그렇다면 컴퓨터가 스스로 생각해서 판단한다는 것은 무엇을 의미할까요? C 씨라는 새로운 인물을 넣어 다시 생각해 봅시다.

A 씨, B 씨, C 씨가 같은 웹 사이트에서 각각 다음과 같은 물건을 구매했다고 가정해 봅시다. 그리고 A 씨와 C 씨는 B 씨가 우유를 구입하기 전에 물건을 구매했다고 가정하겠습니다.

A 씨: 우유, 멜론 빵

B 씨: 우유

C 씨: 우유, 팥 빵

A 씨   구매   구매

B 씨   구매   구매

C 씨   구매   구매

**B 씨에게 멜론 빵과 팥 빵 중 어떤 빵을 추천해야 할까요?**

이때 우유만 구매하려는 B 씨에게 멜론 빵과 팥 빵 중 어떤 빵을 추천해야 할까요? 자료가 동일해서 양쪽 모두를 추천할 수 없다면 여러분은 어떤 쪽을 추천하시겠습니까? 무작위로 적당히 선택해서 추천할 수도 있지만, 조금이라도 많은 물건을 판매하려면 가능한 한 B 씨가 구매할 확률이 높은 쪽의 빵을 추천해야만 합니다. 멜론 빵과 팥 빵 중 어느 쪽이 정답이라는 절대적인 답은 정해져 있지 않지만, B 씨가 구매할 확률이 더 높은 쪽을 추측할 수 있어야만 합니다. 이를 컴퓨터가 판단하게 하기 위한 다양한 방법이 있습니다. 한 가지를 예로 들면 구매 이력을 보고 판단하는 방법이 있습니다. B 씨가 구매할 확률이 더 높은 물건을 추측하려면 A 씨와 C 씨 중 어느 쪽이 B 씨의 취향과 맞는지 알고 있어야 한다는 뜻입니다. 예를 들면 A 씨, B 씨, C 씨의 빵 구매 이력이 다음과 같다고 가정해 봅시다. 이 구매 이력은 앞서 언급했던 우유와 빵을 구매하기 이전에 같은 웹 사이트에서 구매한 이력을 말합니다.

A 씨: 햄버거 빵, 딸기잼 빵, 소시지 빵

B 씨: 초코 칩 빵, 시나몬 롤, 시나몬 롤

C 씨: 크림 빵, 멜론 빵, 딸기잼 빵

세 명의 구매 이력을 살펴본 후 B 씨의 빵 취향이 A 씨와 C 씨 중 어느 쪽에 가까운지 판단할 수 있다면 멜론 빵과 팥 빵 중 어느 빵을 추천하면 좋을지 알 수 있을 것입니다. 세 사람의 구매 이력을 보면 A 씨는 맵고 짠 음식을 선호하고, B 씨와 C 씨는 단 음식을 선호한다는 사실을 파악할 수 있을 것입니다. 따라서 분석 결과에 따라 C 씨가 구매한 팥 빵을 추천하는 편이 낫다고 판단할 수 있습니다.

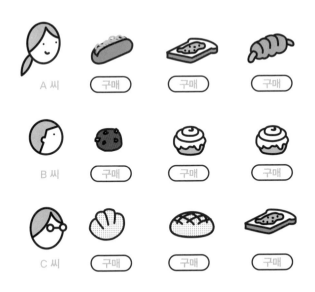

**A 씨, B 씨, C 씨의 빵 구매 이력입니다.**

AI는 이미 알고 있는 지식을 바탕으로 추측합니다.

　그러면 어떻게 해야 B 씨와 C 씨의 맛 취향에 가까운 빵을 컴퓨터가 추측
할 수 있도록 만들 수 있을까요? 다양한 방법이 있을 수 있는데 그 중 한 가
지 방법으로 컴퓨터에 '단 빵'과 '달지 않은 빵'에 관한 지식을 미리 입력해 놓
는 방법이 있습니다. 이 웹 사이트에서 판매하는 빵의 종류가 딸기잼 빵, 크
림 빵, 멜론 빵, 초코 칩 빵, 시나몬 롤, 팥 빵, 햄버거 빵, 소시지 빵, 이렇게
8종류라면 이 8종류의 빵 맛이 어떤지에 관한 정보를 미리 컴퓨터에 입력해

놓는 것입니다. 이 8종류를 단맛으로 구분하면 다음과 같이 정보를 구분할 수 있습니다.

달다

달지 않다

컴퓨터에 '단 빵'과 '달지 않은 빵'에 관한 지식을 미리 입력해 놓습니다.

● 단 빵:

딸기잼 빵, 크림 빵, 멜론 빵, 초코 칩 빵, 시나몬 롤, 팥 빵

● 달지 않은 빵:

햄버거 빵, 소시지 빵

이런 지식이 컴퓨터에 미리 입력되어 있으면 구매 이력에서 A 씨는 달지 않은 빵을 많이 사고, B 씨와 C 씨는 단 빵만 산다는 사실을 알 수 있습니다. 즉, B 씨의 맛 취향에 가까운 인물이 C 씨라는 사실을 알 수 있죠. 이를 통해

구매할 가능성이 더 높은 빵을 알게 되었습니다.

그렇다면 이런 기능이 과연 AI에 해당할까요? 아쉽게도 이 기능도 AI라고 하기에는 조금 부족한 면이 있습니다. 왜냐하면 알려준 것 이상의 일은 처리하지 못하기 때문입니다. 이 기능은 어디까지나 사람이 미리 알려준 빵의 정보를 바탕으로 처리한 것에 지나지 않습니다. 즉, 미리 알려준 지식(입력해준 정보)에 없는 빵을 구매했을 때에는 판단할 수 없다는 뜻이 되는 것이죠.

## 사전 정보에 없는 빵이 나타난다면?

그러면 더 복잡한 상황을 생각해 봅시다. 예시로 미리 입력한 정보에 없는 빵을 구매했을 경우를 설명하기 위해 컴퓨터에 시나몬 롤이 단 빵인지 아닌지에 관한 정보를 입력하지 않았다고 가정해 보겠습니다.

    A 씨: 햄버거 빵, 딸기잼 빵, 소시지 빵

    B 씨: 초코 칩 빵, 시나몬 롤(달다? 달지 않다?), 시나몬 롤(달다? 달지 않다?)

    C 씨: 크림 빵, 멜론 빵, 딸기잼 빵

시나몬 롤이 단 빵인지 달지 않은 빵인지에 관한 정보가 없을 경우, 컴퓨터는 지금까지 B 씨가 단 빵을 많이 샀는지, 달지 않은 빵을 많이 샀는지 제대로 파악하지 못하게 됩니다. 이럴 때 B 씨에게 빵 추천을 하려면 '시나몬 롤이 단 빵인지 아닌지'를 판단하는 것이 필요합니다. 즉, '시나몬 롤이 단 빵인지 아닌지'를 컴퓨터 스스로 추측하는 것이 바로 '알려준 것 이상의 일을 처리한다'라는 의미에 해당합니다.

이를 추정할 때 자주 이용하는 방법은 함께 구매한 빵과 비슷한 성질을 갖추고 있을 것이라고 예측하는 방법입니다. 구체적으로 설명하면 이곳에서 빵을 구입한 사람들의 데이터를 분석하여 시나몬 롤을 구입한 사람이 다른 단 빵도 같이 산 적이 많은 경우 시나몬 롤도 단 빵으로 추측하고, 달지 않은 빵을 많이 산 사람이 구매할 때는 시나몬 롤을 달지 않은 빵으로 추측하는 방법입니다.

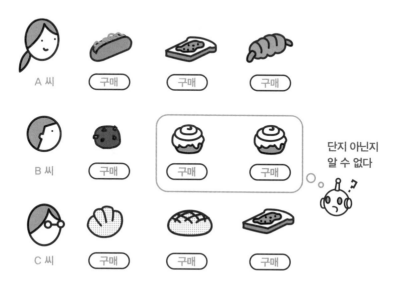

**시나몬 롤이 단지, 달지 않은지를 컴퓨터 스스로 추측합니다.**

앞서 언급했던 예시로 설명해 보도록 하겠습니다. 지금까지 이 웹 사이트에서 시나몬 롤을 구매했던 적이 있는 S 씨, T 씨, U 씨가 있다고 가정해 봅시다. 그들은 시나몬 롤 이외의 빵도 이 웹 사이트에서 구매합니다. 그리고 그들이 시나몬 롤 이외에 산 빵은 다음과 같습니다.

S 씨: 햄버거 빵, 딸기잼 빵, 크림 빵

T 씨: 소시지 빵, 크림 빵, 멜론 빵, 초코 칩 빵

U 씨: 딸기잼 빵, 멜론 빵, 초코 칩 빵

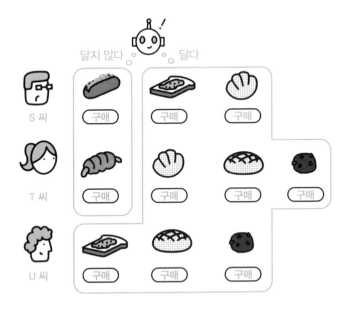

**B 씨 이외에 시나몬 롤을 산 적이 있는 세 사람의 구매 이력입니다.**

이때 미리 입력해둔 빵 정보를 바탕으로 S 씨, T 씨, U 씨도 단 빵을 더 많이 산다는 사실을 알 수 있습니다. 이 사실을 통해 컴퓨터는 '시나몬 롤은 단 빵을 많이 사는 사람이 사니까 단 빵일 것이다'라고 추측할 수 있습니다.

이와 같이 컴퓨터는 시나몬 롤이 단 빵이라고 예측할 수 있었기 때문에 B 씨가 단 음식을 선호하는 사람이라고 추측할 수 있었습니다. 그러면 이제 B 씨의 맛 취향에 가까운 C 씨가 산 단팥 빵을 추천해 주면 됩니다. 결국 컴퓨터는 '시나몬 롤을 산 B 씨는 단 음식을 좋아하는 사람이며, C 씨와 맛 취향이 가까우니까 팥 빵을 추천하자'라고 판단할 수 있었던 것입니다. 물론 시나몬 롤이 정말로 단 빵인지, B 씨가 단 음식을 좋아하는 사람인지에 관한 정답은 알 수 없습니다. 그러나 컴퓨터는 자신이 갖고 있는 정보에서 정답에 더 가깝다고 생각하는 답을 도출한 것입니다. 이처럼 미지의 사물(정보가 없는 사물)과 함께 자주 사용하는 사물(정보가 있는 사물)에서 미지의 사물에 대한 성질을 추측하는 방법은 인공지능의 세계에서 빈번히 활용하는 중요한 방법입니다. 이해하기 쉽도록 인터넷 쇼핑의 추천 기능을 예로 들었는데 이 방식은 실제로 AI에 자주 활용되므로 꼭 외워두시기 바랍니다.

중요한 점은 정확히 목적을 달성했는지 여부입니다.

앞서 소개해 드린 AI는 상품(빵)을 추천할 목적으로 활용했습니다. 설명할 때마다 '다양한 방법이 있지만'이라고 언급했던 이유는 사용 목적에 따라 다양한 기술에 AI를 도입할 수 있기 때문입니다. 겉보기에는 처음에 설명했던 B 씨에게 멜론 빵을 추천하는 기능과, 뒤이어서 언급했던 B 씨에게 팥 빵을 추천하는 기능이 모두 컴퓨터가 상품을 추천한다는 점에는 차이가 없습니다. 그러나 컴퓨터 내부에서 수행하는 작업에는 큰 차이가 있습니다. 그리고 그 작업에 따라 정답에 더 가까운 답을 도출할 수 있게 되는 것입니다.

처음에 설명해 드렸듯이 인공지능에 대해 명확히 정해진 정의는 없지만, 인공지능이라고 부를 수 있으려면 미지의 사물에도 대응할 수 있어야 합니다. 앞서 언급했던 내용을 기초로 하여 예를 들면 사전 정보가 없었던 시나몬 롤에도 대응할 수 있어야 인공지능에 해당한다는 뜻입니다. 단, 단순히 복잡한 동작을 수행할 수 있다고 해서 모두 인공지능에 해당하지는 않습니다. 이때 잊어서는 안 될 중요한 점은 사용할 기술이 복잡한 인공지능인지 아닌지가 아니라 더 정확히 목적을 달성할 수 있는지 아닌지에 있다는 점입니다. 이는 곧 빵을 추천할 때는 빵을 추천해줄 사람이 구매할 가능성이 높은 빵이 무엇인지 파악하는 것이 더 중요하다는 점을 의미합니다. AI를 활용할 때는 목적이 무엇이고, 무엇을 달성하기 위해 AI를 도입하려고 하는지 항상 염두하고 있어야 합니다.

CHAPTER

## 02

# 우리 주변에 존재하는 AI

추천 문구 기능도 AI의 일종입니다.

    그렇다면 현재 우리 주변에는 어떤 인공지능이 있을까요? AI라고 하면 어쩐지 '엄청난 기능'이라는 이미지가 강해 내 주변에는 존재하지 않을 것이라고 생각하는 경우가 많습니다. 그러나 실제로 AI는 이미 우리 주변에 널려 있으며 없어서는 안 될 존재가 되어 버렸습니다.

    예를 들면 여러분이 휴대전화나 컴퓨터로 글을 쓸 때 '날씨가 덥네요'라고 입력하려고 한다고 합시다. 그럴 때 '날씨가 덥' 까지만 입력했는데 '덥다'라는 완성형 문구가 추천 문구로 뜬 경험이 한 번씩 있을 것입니다. 사실 이때 컴

23

퓨터는 '오늘은 덥' 까지만 입력했을 때 '덥'이라는 글자가 '덥다'라는 말이 나올 것이라고 예측하여 '다'라는 글자를 입력하기 전에 '덥다'라는 추천 문구를 출력해낸 것입니다. 언뜻 봤을 때 문구 추천 기능은 마치 사소한 기능처럼 보이지만, 이 기능은 컴퓨터 스스로 생각해서 판단한 것이므로 AI에 해당합니다.

AI에 대해 엄청나게 큰 기대를 하는 사람은 '단순히 문구만 추천하는 기능이 AI라고?' 라며 의문을 품을 수 있습니다. 그러나 현재 우리가 사용하는 AI는 큰 범위에서 널리 쓰이는 경우보다 극히 한정적인 목적을 달성하기 위해 쓰이는 경우가 많습니다. 문자를 입력할 때 추천 문구 기능 이외에도 영어를 한국어로 번역해 주는 기능, 사진을 찍을 때 안면을 인식하는 기능, 음성으로 기계를 조작할 수 있는 기능, 인터넷 쇼핑을 할 때 추천 기능 등을 꼽을 수 있습니다. 굳이 우리 주변에서 사용되고 있는 AI의 개수가 몇 개나 되는지 셀 필요는 없겠지만, 만약 AI의 개수를 세고 싶다면 오른쪽 그림처럼 각각 원하는 목적에 따라서 세는 것이 맞다고 할 수 있을 것입니다. 즉, 이 말뜻은 하나의 AI가 영어를 한국어로 번역해 주기도 하고, 인터넷 쇼핑을 할 때 추천까지 해 주는 두 가지 기능을 수행할 수 없다는 뜻입니다.

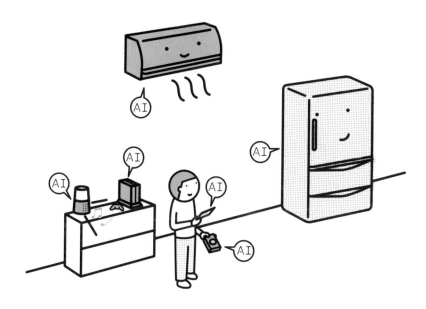

AI는 이미 우리의 주변에 많이 있습니다.

물론 쇼핑할 수 있도록 영어를 한국어로 번역해 주고 거기에 추천할 수 있는 기능도 같이 수행되는 웹 사이트가 있을 수 있습니다. 그러나 이는 마치하나의 AI가 여러 기능을 한꺼번에 수행하는 것처럼 보이지만, 사실은 여러 AI를 조합하여 다양한 기능을 수행하고 있는 것입니다.

AI는 작은 목적을 달성하기 위한 복합체입니다.

이처럼 AI란 어떤 하나의 큰 존재가 아니라 작은 목적을 달성하기 위한 AI, 또는 그러한 AI의 복합체인 셈입니다. 그렇기 때문에 종종 기업에서는 특정 목적을 달성하기 위한 AI를 탑재한 상품에 AI라는 말을 붙여서 쓸 때도 있습니다. 예를 들면 특정 전기밥솥에 '기온이나 날씨를 입력하면 입력 정보에 맞게 물을 넣는 양을 알려주는 AI 기능'이 탑재되어 있을 때 'AI 전기밥솥'이라는 광고 문구를 사용하는 경우도 있습니다. 밥을 하는 행위 자체는 기존과 변함이 없지만, 여기에 AI 기능이 추가되면서 그런 명칭으로 부를 수 있게 된 셈입니다.

일반적으로 'AI'라는 문구를 사용하는 제품은 기본적으로 제품에 탑재된 컴퓨터(기능)가 어떤 임무를 지능적으로 처리할 수 있다는 것을 의미합니다. 그러나 AI라고 명명된 모든 제품에 우리가 앞에서 정의했던 스스로 생각해서 판단할 수 있는 컴퓨터 기능이 탑재되어 있는지는 알 수 없습니다. AI로 명명된 특정 제품 중에는 매우 간단한 규칙으로 AI를 구현했을 가능성도 있기 때문입니다. 현재 시점에서 AI란 용어 자체에 구체적인 정의가 내려져 있지 않은 상태이기 때문에 간단한 원리의 AI를 구현하여 만든 제품에 AI라는 문구를 사용해도 문제는 없습니다. 그러므로 우리들은 앞으로 무엇을 AI라고 불러야 하는지 구분하는 능력이 매우 중요합니다.

## AI의 실체는 단순한 '프로그램'입니다.

AI는 우리 주변에 다양한 형태로 존재합니다. 그렇다면 AI의 실체는 과연 무엇일까요? 그 질문에 대한 답으로 'AI는 스스로 생각할 수 있다'라고 설명하면 어쩐지 접해보지 못한 완전히 새로운 개념으로 생각하는 사람이 많습니다. 그러나 AI의 실체는 새로운 개념이 아니라 이미 우리가 사용하는 컴퓨터상에 입력된 프로그램입니다. 컴퓨터를 작동하게 하는 원동력은 예나 지금이나 프로그램인 셈입니다. 최근에 'AI의 폭주'라는 말을 자주 들을 수 있는데 AI는 곧 프로그램이므로 프로그램 이상의 범위에서 폭주가 일어날 일은 없습니다. 프로그래머의 능력이 높아짐에 따라 최근에 나오는 AI는 매우 유연하게 일을 처리할 수 있도록 되어 있는 것들도 많아 일 처리 능력이 인간의 상상을 뛰어넘을 때도 있습니다. 일반인들이 볼 때 그런 처리 능력이 마치 폭주한 것처럼 보일 수도 있습니다. 그러나 이도 역시 하나의 프로그램에 의해 움직이는 것일 뿐입니다. 여러분의 주변에도 이 밖의 다양한 AI가 있을 것입니다. 내 주변에는 어떤 AI가 있으며, 그 제품이 어떻게 작동하는지 꼭 한 번 상상해 보시기 바랍니다.

이것도 AI일까?

여기까지 제대로 읽으셨다면 AI를 달고 나온 제품이 우리가 일반적으로 생각하는 AI 기능을 가진 제품인지 아닌지를 판단하기 어렵다는 사실은 어느 정도 이해했으리라 생각됩니다. 그래서 이제 구체적으로 다양한 상품을 떠올려보며 그 상품이 AI라고 부를 수 있는지 생각해 보고자 합니다. 또한 제가 판단할 때 일반적으로 어떤 상품이 AI라고 부를 수 있을지 언급할 예정인데 결국 그 상품이 AI인지 아닌지 정해진 정답은 없다는 점은 꼭 명심해 두시기 바랍니다.

### ● 회계 자료를 입력하면 세금을 자동으로 계산해 주는 소프트웨어

단순히 입력된 수치로만 세금을 계산해 주는 소프트웨어는 AI라고 부를 수 없습니다. 아무리 복잡한 수치를 계산하더라도 그저 세금 계산식에 수치를 넣어 계산하는 것에 지나지 않기 때문입니다. 만약 이 소프트웨어를 AI로 취급하고 싶다면 지금까지 쓴 지출을 파악해서 앞으로 어떻게 써야 할지 조언해 줄 수 있는 기능을 탑재하거나, 사람의 눈으로 쉽게 발견할 수 없는 입력 실수를 찾아내 경고할 수 있는 기능을 탑재하는 등 컴퓨터가 알아서 제안하거나 발견할 수 있는 기능을 갖추고 있어야만 합니다.

● **취미나 성격을 입력하면 자신과 맞는 사람을 찾아주는 서비스**

단순히 취미나 성격이 똑같은 사람을 찾아주는 서비스라면 AI라고 부를 수 없습니다. 그러나 지금까지 결혼에 성공한 사람들의 취미나 성격 등의 정보를 활용하여 다각도로 잘 맞을 만한 상대를 찾아준다면 AI라고 부를 수 있습니다. 그리고 현재 이런 서비스가 실제로 적용되고 있습니다. 결혼 상대를 찾아줄 뿐만 아니라 직장을 옮기는 사람들을 위한 이직 시장에서도 인재를 찾아주는 AI가 존재하며, 앞으로 더욱 다양한 분야에서 적합한 사람을 찾을 수 있는 AI가 더 많아질 것입니다.

● **자동으로 전원이 꺼지는 에어컨**

'일정 시간 이상 연속 작동했을 때 전원이 저절로 꺼진다'거나 '기온이 25도를 넘으면 전원이 꺼진다'라는 단순한 규칙에 따라서 전원이 꺼진다면 이런 에어컨은 AI라고 부를 수 없습니다. 사실 우리가 일반적으로 생각하는 에어컨이 자동으로 전원이 꺼지기를 바라는 상황은 방에 있던 사람이 나간 후 일정 시간이 지났을 때라고 생각됩니다. 따라서 위에 적은 이유보다는 에어컨에 '사람이 방에서 나가고 난 후 일정 시간이 지나면 전원이 자동으로 꺼지는 기능'이 있다면 AI라고 부를 수 있겠죠. 왜냐하면 에어컨이 사람이 방에서 나갔는지 스스로 판단해야 하기 때문입니다. 에어컨이 놓여진 방의 형태나 사람의 움직임은 매우 다양할 수 있으므로 에어컨이 이런 모든 상황을 자체적으로 판단해서 꺼져야 하기 때문입니다. 다시 말하지만 AI인지 판단할 때 중

PART 1  AI의 기본

요한 점은 미리 알려주지 않은 상황에도 대응할 수 있어야 한나는 점입니다.


● 간단한 대화가 가능한 로봇

로봇은 모두 AI라고 생각하는 사람도 있는데 실제로는 AI라고 부를 수 없는 로봇도 아주 많습니다. AI라고 부를 수 없는 로봇을 예로 들자면 소리에 반응하여 고개만 끄덕이는 로봇 등을 꼽을 수 있습니다. 소리에 반응하여 고개만 끄덕이는 로봇은 소리가 나면 고개를 끄덕이도록 미리 정보만 입력해 두면 되므로 로봇 스스로 무언가를 생각할 필요가 없습니다.

그렇다면 대화할 수 있는 로봇은 어떨까요? 다음과 같은 5종류의 제시어에 반응하여 대답할 수 있는 대화형 로봇이 있다고 간주하여 생각해 봅시다. 이 로봇에는 5가지의 각 제시어에 대응할 수 있는 총 5종류의 대답만이 입력되어 있다고 간주합니다.

제시어 : 안녕하세요.

→ 대답 : 안녕하세요.

제시어 : 잘 지내시나요?

→ 대답 : 잘 지내요.

제시어 : 날씨가 좋네요.

→ 대답 : 그렇네요.

제시어 : 배고파.

→ 대답 : 식사하세요.

> 제시어 : 고마워요.
>
> → 대답 : 천만에요.

이런 경우 로봇이 대답할 수 있는 5종류의 제시어 중에 하나인 '잘 지내시나요?'라는 말을 했다면 당연히 '잘 지내요.'라고 대답할 수 있습니다. 그러나 '잘 지냈으려나?'라며 조금 다른 말투로 말을 건다면 어떻게 될까요? 만약 '잘 지냈으려나?'라는 말에 대답하지 못한다면 이 대화형 로봇은 AI라고 부를 수 없습니다. AI라고 부를 수 있으려면 예상 밖의 일도 대응할 수 있는 유연성이 필요하기 때문입니다. 즉, 미리 입력해 준 5가지 유형 이외의 제시어에도 적절히 대답할 수 있는 능력을 갖추고 있어야 하죠.

CHAPTER
∨
03

# AI가 잘하는 일과
# 못하는 일

AI가 잘하는 일은 '분류'입니다.

　현재 우리가 일상생활에서 사용하고 있는 AI는 뭐든지 잘 처리할 수 있는 수준까지는 아니라고 생각합니다. 아직은 잘할 수 있는 일이 한정적이죠. AI 는 방대한 데이터에서 특정 규칙과 유형을 찾아내는 일을 잘합니다. 특히 무 언가를 '분류'하는 일에는 매우 뛰어나죠. 여기서 말하는 '분류'의 의미는 예를 들어 메일이 날라 왔을 때 받은 메일 중 특정 메일이 스팸 메일인지 아닌지 분류하는 작업 등을 말합니다. 여러분이 평소에 사용하는 메일 소프트웨어 에도 자동으로 스팸 메일이라고 판단되는 메일을 스팸 메일함으로 분류하는 기능이 탑재되어 있을 것입니다. 이런 작업이 바로 분류 기능입니다. 그렇다고 AI가 잘하는 분류 작업이 스팸 메일인지 아닌지를 판단하듯이 두 종류로만 나눌 수 있다는 뜻이 아닙니다. 사진에 찍힌 동물이 고양이인지, 개인지, 새인지 분류하듯이 세 종류 이상으로 분류하는 일도 잘 수행해 냅니다.

AI는 분류할 때 사람에게 미리 받은 수많은 자료에서 분류하기 위한 규칙(판정 기준)을 구축해 나갑니다. 스팸 메일 여부를 판정하려면 다음과 같은 과정이 필요합니다.

① 우선 대량의 메일에 대해 스팸 메일인지 아닌지를 사람이 직접 확인합니다.

사람이 확인한 스팸 메일과 스팸 메일이 아닌 메일을 살펴보고 스팸 메일 여부를 판단할 수 있는 대답을 컴퓨터에 입력해 줍니다. 컴퓨터에게 '이것은 스팸 메일이야', '이건 스팸 메일이 아니야'라고 알려주는 것이죠. 컴퓨터는 이렇게 사람에게 받은 정보를 바탕으로 어떤 메일이 스팸 메일인지 스스로 학습해 나갑니다.

② 그리고 스스로 만든 판정 기준을 바탕으로 새로 받은 메일이 스팸 메일인지 아닌지 분류합니다.

이때 가장 중요한 점은 사람이 미리 '스팸 메일인지 아닌지' 알려주려고 컴퓨터에 제공했던 정보에 들어있지 않은 메일도 스팸 메일인지 아닌지 정확히 예측하여 분류할 수 있는가에 달렸습니다. 물론 AI의 분류 작업은 추측에 불과하므로 스팸 메일이 아닌 메일을 스팸 메일이라고 판단하거나 그와 반대로 판단할 수도 있습니다. 어디까지나 컴퓨터는 더 정확하다고 생각하는 대답을 도출해낼 뿐입니다.

사실 AI 기능이 분류 작업만 처리할 수 있는 것은 아니지만, 일상생활에서는 분류 작업만으로 충분히 목적을 달성하는 AI가 많다는 점은 맞습니다. 문제를 바라보는 방식을 바꿔보면 '분류하는 일'로 해결할 수 있는 문제가 생각보다 많기 때문입니다. 문제를 바라보는 방식을 바꾸는 방법에 관해서는 나중에 다시 설명해 드리겠습니다.

---

### AI가 잘 못하는 일은 창조적인 일입니다.

현재 우리가 사용하는 AI는 0의 상태에서 1을 만들어내지 못합니다. 이 말인즉슨 세상에는 다양한 방법으로 구축된 AI가 존재하지만, 아무것도 없는 0의 상태에서 스스로 무언가를 만들어낸 AI는 존재하지 않는다는 뜻입니다. 어디까지나 사람이 데이터를 제공하거나 어떤 정보를 주어야만 하죠. 그리고 그 주어진 데이터와 정보 안에서 컴퓨터가 학습해 나갑니다.

그림을 그리거나 소설을 쓰는 AI도 있는데 이런 AI도 아무것도 없는 0의 상태에서 1이라는 값을 도출해낸 것이 아닙니다. 미리 입력해준 그림이나 소설에서 다양한 정보를 학습하고 그 내용을 바탕으로 새로운 그림이나 소설을 썼을 뿐입니다. 그렇다면 그림을 그리고 소설을 쓰는 AI가 하는 일은 과연 창작 활동이라고 할 수 있을까요? 사실 이는 매우 판단하기 어려운 문제입니다. 왜냐하면 사람도 지금까지 쌓은 경험과 정보를 바탕으로 글을 쓰고 그림을 그리기 때문이죠. 전혀 새로운 그림이나 소설을 만들어냈다고 하더라도 작가의 경험과 정보를 바탕으로 그런 작품이 만들어졌다면 이는 곧 현재 AI가 하는 창작 활동이나 다를 게 없습니다. 만약 그렇다면 지금 AI가 하는 활동은 사람이 하는 작업과 같은 창작 활동이라고 부를 수 있는 셈입니다. 이처럼 AI를 개발하는 일은 곧 인간의 지성이 무엇인지 명확히 하는 일일지 모릅니다.

---

AI는 정확한 정답을 알지 못합니다.

**현재 우리가 사용하는 AI는 0의 상태에서 1을 만들어내지 못합니다.**

그리고 AI가 잘 못하는 작업이 또 하나 있는데 그것은 바로 AI 스스로 정확한 정보를 도출할 수 없다는 점입니다. 여기서 말하는 정확한 정답이라는 것에 대해 예를 들어보겠습니다. 웹상에서 'A 씨가 결혼했다'라는 정보와 'A 씨는 결혼하지 않았다'라는 2가지 정보가 있다고 가정해 봅시다. AI는 이 정보들을 보고 두 정보가 모순되었다는 사실은 파악할 수 있지만, 결국 어느 쪽이 진실인지 구분하지는 못합니다. 물론 다른 대량의 데이터를 분석하여 어느 정보가 진실에 가까운지 예측은 할 수 있습니다. 하지만 그런 작업은 어디까지나 예측일 뿐 정답은 아닙니다(가끔 웹상에 잘못된 정보가 진실처럼 왜곡되어 퍼지면서 대다수에게 진실로 인식되는 경우처럼). 진실을 확인하려면 본인이나 관계자에게 물어볼 수밖에 없습니다. AI는 분류를 잘한다고 앞서 설명해 드렸는데 이 분류도 결국 예측하는 일에 지나지 않습니다. 무엇이 정답인지는 결국 사람이 판단해야 한다는 뜻입니다.

반면 AI의 대단한 점은 사람도 정답인지 알 수 없는 문제를 예측하고 어떤 판단을 내릴 수 있다는 점입니다. '무엇이 정답인지 결국 사람이 판단해야 한다'라고 말씀드렸는데 사실 사람도 무엇이 정답인지 알지 못하는 문제도 있습니다. 이런 경우 정답은 알지 못하지만, 기존의 데이터를 바탕으로 가능한 비슷한 정답을 예측하고 싶을 때가 있을 수 있습니다. AI는 그런 문제도 기존의 데이터를 바탕으로 학습한 결과를 가지고 어떤 대답을 출력해 낼 수 있습니다. 결국 AI는 정확한 정답은 알지 못하지만, 가능한 한 정답에 가까운 대답을 도출할 수 있는 셈입니다.

CHAPTER
∨
04

# AI의 역사는
# 언제부터일까?

돌고 도는 AI 열풍

일상생활에서 AI라는 말을 일반적으로 사용하게 된 지는 얼마 되지 않았기 때문에 AI라는 개념이 최근에 새롭게 생겼다고 생각하는 사람이 많을 것입니다. 그러나 사실 AI에는 아주 긴 역사가 있습니다.

'인공지능 열풍'이 불고 있다는 사실은 많은 분들이 알고 있으리라 생각됩니다. 아마도 많은 분들은 알파고와 이세돌의 세기적인 바둑 대결을 통해 AI라는 용어에 대해 처음 인지하셨을 것이라고 생각합니다. 서양 장기인 체스에서 컴퓨터가 체스 명인을 이긴 적은 있었지만 반상의 변화가 심오한 바둑에서는 인간을 이기는 것이 무리라고 여겨졌던 생각들이 무너져 내린 큰 사건이었으니까요.

그러나 이러한 열풍이 '제3차 인공지능 열풍'이라는 사실을 알고 계시나요? 아마 대부분은 '언제 제1차와 제2차 열풍이 있었지?'라며 놀랄 테죠. 그도 그럴 것이 1차와 2차 열풍은 아주 한정적인 몇 연구자 세계에서 일어났기 때문입니다. 일반 사람들이 체감할 정도의 열풍은 아니었던 셈입니다.

그렇다면 그때는 왜 연구자 세계에서만 열풍이 불었을까요? 이유는 간단합니다. 우리가 일생생활에서 지내는 데 도움이 될 만한 성능을 갖추지 못했기 때문입니다.

## 대화할 수 있는 컴퓨터 'ELIZA(엘리자)'

'AI'라는 말 자체는 1956년에 생겨났는데 이때 첫 번째 인공지능 열풍이 불었습니다. 가장 유명한 열풍의 주역은 바로 '엘리자'였습니다. 엘리자는 음성이 아닌 문자로 대화할 수 있는 컴퓨터였습니다. 그중에서도 엘리자가 치료사 역할을 맡은 대화 시뮬레이션 'DOCTOR(닥터)'가 가장 유명합니다.

이 시뮬레이션에서는 환자 역할을 맡은 인간이 건네는 제시어에 컴퓨터(엘리자)가 자동으로 응답해 줍니다. 1950년대에 '대화할 수 있는 컴퓨터가 있었다는 사실만으로 대단하다'라고 생각할 수 있지만, 실제로는 단순한 패턴에 맞춰서 대화를 구현해낸 프로그램일 뿐이므로 기대할 만한 수준의 성능은 아니었습니다.

엘리자처럼 단순한 패턴에 맞춰서 구현해낸 인공지능을 '인공무능(人工無能)'이라고 부르기도 합니다. 단 인공지능의 정의가 모호해서 어디까지가 무능이며 어디까지가 지능인지 명확히 구분은 없습니다. 그래서 최근에는 엘리자에 약간의 기능만 추가한 수준의 대화형 컴퓨터에 대해 인공지능이라고 부르기도 합니다.

## 대화형 컴퓨터의 성능을 측정하는 '튜링 테스트'

대화할 수 있는 컴퓨터는 제1차 열풍 이후 지금에 이르기까지 인공지능의 중요한 연구 결과 중 하나이며, 현재도 활발히 연구가 진행되고 있습니다. 이 대화형 컴퓨터를 말할 때 빼놓을 수 없는 화제가 바로 '튜링 테스트' 입니다.

**튜링 테스트로 인간과 인공지능이 대화할 수 있습니다.**

튜링 테스트란 대화형 컴퓨터의 성능을 측정할 때 사용하는 아주 유명한 방법입니다. 방법은 인간(심판)으로 하여금 상대가 보이지 않는 상태에서 인공지능 또는 제3의 인간과 대화하도록 합니다. 그리고 대화 후 이야기한 상대가 인공지능 컴퓨터인지 인간인지 구분하도록 하는 간단한 시험입니다. 대화형 컴퓨터는 심판과 일정 시간 대화한 후 심판을 속였을 때 합격점을 받게 됩니다.

혹시 위와 같은 테스트 내용에 대해 너무 간단하게 느껴지셨나요? 그러나 사실 불과 얼마 전까지 튜링 테스트에 합격한 인공지능은 없었습니다. 그런

데 2014년 사상 최초로 튜링 테스트에 합격한 컴퓨터가 나타났습니다. '드디어 인간처럼 대화할 수 있는 컴퓨터가 나타났다'라며 전 세계가 떠들썩했죠. 그러면 현재 시점에서 인간처럼 대화할 수 있는 컴퓨터가 존재 하냐고요? 아쉽게도 존재하지 않습니다.

사실 합격한 컴퓨터에는 '우크라이나에 사는 13살 소년'이 대답하는 것이라는 내용이 설정되어 있었습니다. 즉, '영어를 모국어로 하지 않는 사람이 대답하는 영어니까 말투가 다소 이상하더라도 괜찮다'라는 편견 덕분에 합격했던 셈입니다.

특히 튜링 테스트는 일정 시간, 예를 들면 5분 정도만 대화할 수 있으면 되므로 진정한 의미의 자유로운 대화가 불가능하더라도 합격할 수 있었습니다. 인간이 아무렇지 않게 나누는 대화처럼 컴퓨터가 인간과 비슷한 수준으로 대화할 수 있게 되려면 아직 시간이 많이 걸릴 거 같습니다.

하지만 튜링 테스트는 '지능이란 무엇인가'라는 질문에 엄청난 깨달음을 줍니다. 그렇다면 인간은 대화하는 상대의 지성(인간의 지능, 특히 '말하기 능력')을 어떻게 느낄 수 있을까요? 눈앞에 있는 상대가 인간이기 때문에 지성을 느낄 수 있을까요? 만약 대화하는 상대의 외모로 지성을 느낀다면 컴퓨터가 인간과 완전히 똑같은 외모를 구현하기 전까지는 컴퓨터에 지능을 부여할 수 없을 지 모릅니다.

그러나 만약 대화하는 상대의 외모가 아니라 말하는 내용에 지성을 느낀다면, 상대의 모습이 보이지 않은 상태에서 그 대화 내용에 지성을 느낀다면 그 상대는 지능을 갖춘 어떤 존재로 볼 수 있지 않을까요? 이 튜링 테스트에는 이런 생각이 담겨져 있습니다.

## 제2차 인공지능 열풍 전문가 시스템

제2차 인공지능 열풍은 '전문가 시스템(Expert system)'의 등장과 함께 1980년대에 시작되었습니다. 전문가 시스템이란 특정 분야에 특화된 시스템을 말하는 것으로, 예를 들면 '자연스러운 대화로 호텔을 예약하는 시스템', '특정 질환을 진단하는 시스템' 등이 이에 해당합니다.

제2차 인공지능 열풍은 무엇이든 할 수 있는 범용 인공지능이 아니라 목적에 따라서 인공지능을 개발하려고 했던 현실적인 열풍이라 할 수 있습니다. 실제로 '자연스러운 대화로 호텔을 예약'하는 간단한 목적의 인공지능은 전문가 시스템으로 해결할 수 있었습니다.

그러나 전문가 시스템은 우리들 인간이 추론하는 것처럼 스스로 생각하지는 못합니다. 왜냐하면 전문가 시스템의 대부분은 '만약 X는 Y'라는 규칙에 따라서 추론하여 내용을 성립시키도록 되어 있으므로, 규칙에 없는 내용을 입력하면 대응할 수 없기 때문입니다. 매우 한정적인 용도로만 활용할 수 있었고 유연한 대응을 하지 못했기 때문에 전문가 시스템 역시 일반 사람들에게 알려질 정도로 열풍이 불지는 않았습니다.

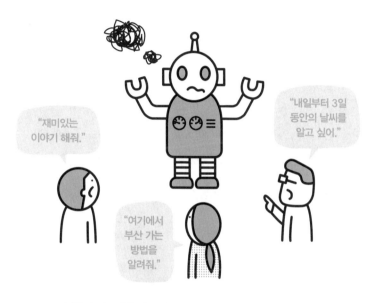

**전문가 시스템은 인간처럼 복잡한 사고는 할 수 없습니다.**

## 현재의 AI

두 번째 열풍이 지난 후에도 연구자들은 열심히 연구를 진행해 나갔습니다. 그러다가 머신러닝(Machine Learning, 기계학습)이라고 불리는 새로운 프로그래밍 기술이 등장하면서 실질적으로 사람에게 도움을 줄 수 있는 인공지능이 폭발적으로 늘어나게 되었습니다. 이 기술의 등장이 현재의 제3차 열풍에 대한 계기가 되었음이 분명합니다. 머신러닝이란 데이터에서 패턴과 규칙을 컴퓨터 스스로 추출하는 기술을 말합니다. 이 기술이 등장하면서 컴퓨터 스스로 생각할 수 있게 된 셈이죠. 제1차 AI 열풍의 엘리자와 제2차 AI 열풍의 전문가 시스템에서도 계속 문제로 남았던 '유연한 대응'이 가능해진 것입니다.

머신러닝 기술이 없었을 때는 미리 '만약 X는 Y'라는 규칙을 컴퓨터에 입력해 두면 컴퓨터가 그 규칙에 따라서 X를 입력하면 Y로 대응했습니다. 그리고 미리 입력하지 않아 규칙에 없는 Z가 입력되면 당연히 컴퓨터는 대응하지 못했죠. 반면 머신러닝이라는 기술을 활용하면 'X는 Y'라는 정보만 제공해도 Z라는 미지의 입력 내용에 이렇게 하면 좋을 것이라며 컴퓨터가 스스로 생각하고 응답할 수 있습니다.

이처럼 실제로 사람에게 도움을 줄 수 있는 수준의 기술이 개발되면서 제3차 인공지능 열풍이 이전 열풍과는 다른 모습을 갖추게 되었습니다. 현재의 인공지능 열풍은 연구자들뿐만 아니라 전 세계 사람들을 아우르는 사회상이 되어가고 있습니다. 그중에서도 특히 몇 년 전부터 급속도로 확산되고 있는 '딥러닝' 기술이 등장하면서 많은 연구자들은 충격을 받았습니다.

딥러닝(Deep learning)은 다양한 연구 분야에 큰 충격을 안겨주었습니다. 예를 들면 요리사가 정성스럽게 손질해서 만든 요리보다 껍질도 까지 않은 재료를 믹서로 갈아서 만든 음식이 더 맛있다라고 말했을 때의 충격과 맞먹었죠. 지금까지 연구자들은 '정성스러운 손질이 중요하다'라고 믿었습니다. 그러나 그 전제 자체가 뿌리부터 통째로 흔들리게 되었으니 크게 당황할 수밖에 없었고 그와 동시에 큰 기대를 가질 수밖에 없게된 것입니다.

   딥러닝은 머신러닝의 한 분야에 해당하지만 둘의 의미는 약간의 차이가 발생합니다. 머신러닝은 미리 제공된 다양한 정보를 학습하도록 한 후, 그 결과를 이용하여 새로운 것을 예측하는 기술입니다. 반면에 딥러닝은 학습 자체도 스스로 판단하면서 학습하도록 하여 앞으로의 상황을 예측하도록 하는 기술입니다. 바로 이세돌과의 세기적인 바둑 대결에서 이긴 알파고가 딥러닝 기술이 적용된 컴퓨터입니다.

CHAPTER

05

# AI는 무엇을 하는 것일까?

AI의 실체는 무엇일까?

    현재 전 세계적으로 AI라고 불리는 대다수의 제품에는 '머신러닝'이라는 기술이 사용되고 있습니다. AI라는 말의 정의는 매우 모호하지만 머신러닝이라는 말은 실제로 존재하는 특정 기술의 이름입니다. 그렇기 때문에 'AI로 ○○를 구현했다'라는 표현만으로는 어떻게 구현해 냈는지 자세히 알 수 없지만, '머신러닝으로 ○○를 구현했다'라고 하면 머신러닝을 사용했다는 사실을 바로 알 수 있습니다. 그래서 AI를 잘 아는 사람에게는 'AI로 ○○를 구현했다'라는 식으로 'AI'를 표현하지 않는 편이 좋습니다. 결국 구현했다는 것이 어떤 기능을 해내서 대단한지 알 수 없기 때문이죠. 하지만 전문가가 아닌 일반 소비자를 대상으로 AI라는 점을 강조하고 싶다면 머신러닝이라는 단어보다 AI라는 말이 훨씬 더 와 닿습니다. 특히 현재 구현되고 있는 AI의 대부분이 머신러닝 기술을 사용하므로 앞으로 이 책에서 AI라고 칭하는 존재는 머신러닝을 사용하고 있다는 점을 전제로 두고자 합니다. 단, 머신러닝을 사용하지 않지만 AI라고 부를 수 있는 존재가 있을 수 있다는 점도 함께 염두해 주시기 바랍니다.

현재 전 세계에는 다양한 목적으로 만들어진 AI가 있습니다. 여기에서 AI라고 한 마디로 정리해 버리면 마치 'AI'라는 어떤 존재가 있으며, AI가 스스로 다양한 기능을 실현하고 있다고 생각할 수 있습니다. 그러나 실제로는 'AI'라고 부른다고 해서 어떤 존재로 특정할 수 없을 뿐만 아니라 그 내부에서 수행하는 일은 천차만별입니다. 결국 그 실체는 머신러닝과 그 외 기술을 사용하는 프로그램일 뿐이기 때문입니다.

다양한 AI가 있듯이 그것을 실현하기 위한 방법 또한 매우 다양합니다. 머신러닝도 마찬가지입니다. 머신러닝이라는 어느 한 가지 방법이 있는 것이 아니라 수많은 방법이 존재합니다. 그러한 수많은 방법 중에서 풀어야 할 문제에 맞게 어느 방법을 사용할지는 사람이 결정합니다. 그러나 어떠한 머신러닝 방법일지라도 기본적으로는 '인간이 규칙을 알려주지 않고 컴퓨터 스스로 주어진 데이터에서 규칙을 만들어낸다'라는 점은 변하지 않는 근본적인 개념입니다.

일반적으로 일반 소비자가 AI와 대면할 때는 AI 자제와 직접 대면하는 것이 아니라 AI 기능을 탑재한 특정 제품과 대면하는 경우가 대부분입니다. 예를 들면 AI 냉장고라는 상품이 있다고 가정해 봅시다. 냉장고의 본분은 음식을 차갑게 유지하여 썩지 않도록 하는 일입니다. 그럴 때 단순히 음식을 냉장 보관하는 기능에는 AI가 관여하지 않습니다. 그러나 '보관 온도를 보관할 음식물에 따라서 냉장고 스스로 판단하고 스스로 조절'하는 기능이 있다면 이 기능 자체는 AI라고 부를 수 있습니다. 이처럼 일반적으로 'AI'는 제품의 일부로 제공되는 경우가 대부분입니다. AI라고 불리는 제품이 있을 경우는 그 내부에 어느 기능이 AI인지 구분할 수 있어야 합니다.

## 어째서 머신러닝을 사용할까?

우리가 자주 사용하는 머신러닝의 예로 메일 소프트웨어의 스팸 메일 차단(스팸 자동 분류) 기능을 꼽을 수 있습니다. 아마도 대부분의 독자 분들은 스팸 메일이 자동으로 '스팸 메일'함으로 분류되는 기능을 사용하는 분이 많을 테죠(대부분의 메일 기능을 제공하는 포털 사이트에서 이러한 기능을 표준으로 정해 놓은 상태이므로 모르는 분들도 있을 것입니다). 이런 경우 중요한 메일인데도 불구하고 '스팸 메일' 함에 들어가 있어서 눈치 채지 못했던 경험은 누구나 한 번쯤 겪었을 것입니다. 이와 같이 '받은 메일이 스팸 메일인지 아닌지 분류하기' 위한 기술

로 머신러닝이 사용되는 사례가 많습니다. 그러면 어째서 스팸메일을 분류
할 때 머신러닝을 활용할까요?

　사람이 일일이 모든 메일을 분류한다고 상상해 보십시오. 몇 통일 때는 괜
찮지만 수천 통, 수만 통에 달하는 대량 메일을 받았을 경우, 모든 메일을 수
작업으로 분류하려면 시간이 많이 걸릴 것입니다. 컴퓨터가 분류해 주는 장
점 중 하나는 이런 상황에 강하다는 점, 즉 대량의 데이터를 고속도로 처리할
수 있다는 점에 있습니다.

　또 인간은 피로도에 따라 작업 속도가 둔해질 수 있습니다. 너무 피곤할 때
는 규칙에서 벗어나기도 하고 적당한 선에서 대충 판단할 가능성도 있습니
다. 그러나 컴퓨터는 지치지 않습니다. 항상 일정한 판정 기준을 바탕으로 일
관된 판단을 내릴 수 있죠. 물론 컴퓨터가 자동으로 판정하다 보니 실수도 할
수 있지만, 미리 판정 정밀도를 확인해서 실용적으로 사용할 수 있을지를 판
단한 후 사용하면 됩니다.

컴퓨터는 지치지 않고 대량의 데이터를 처리할 수 있습니다.

사실 이러한 기능까지는 머신러닝 기술이 없어도 컴퓨터의 장점만으로 수행할 수 있습니다. '그렇다면 머신러닝 따위를 사용하지 않고 사람이 만든 규칙대로 컴퓨터가 분류하게 만들면 되는 거 아냐?'라고 생각하는 사람이 있을 수 있습니다. 물론 잘못된 발상은 아니지만, 이것은 사람이 완벽한 규칙을 입력할 수 있다는 전제하에서만 가능합니다.

그러면 시험 삼아 스팸 메일을 분류하기 위한 규칙을 한 번 생각해 봅시다. 대략적으로 다음과 같은 규칙을 정해 보았습니다.

- 주소록에 등록되지 않은 메일로 오는 메일은 스팸 메일이다.
- 메일 본문에 'http://'라는 문구가 입력되어 있으면 스팸 메일이다.
- 메일 본문에 '당첨되었습니다'라는 문구가 포함되어 있으면 스팸 메일이다.

이외에도 자신의 상황에 맞춘 다양한 규칙을 떠올릴 수 있을 것입니다. 그러나 이러한 규칙만으로 정말로 스팸 메일을 제대로 분류할 수 있을까요? 아무리 규칙을 추가해도 제대로 규정할 수 없는 사례가 자꾸 떠오르지 않나요?

머신러닝을 활용할 때의 최대 이점은 바로 이런 문제를 해결할 수 있다는 점입니다. 즉, 머신러닝을 활용하면 사람이 처리할 수 없는 복잡하고 많은 데이터 중에서 반복되는 규칙과 패턴을 추출하여 분류하거나 예측할 수 있습니다. 때로는 사람이 발견할 수 없는 데이터 내부에 숨겨진 규칙을 발견하기도 합니다.

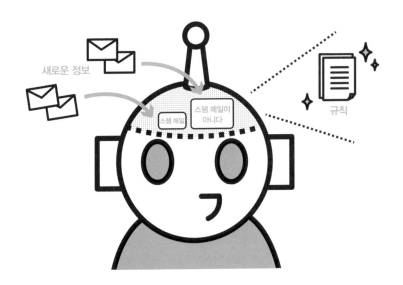

새로운 정보

스팸 메일

스팸 메일이
아니다

규칙

**머신러닝은 데이터를 추가하여 똑같이 학습만 해줘도**
**새로운 규칙을 구축할 수 있습니다.**

또 머신러닝의 장점으로 손쉬운 유지보수를 꼽을 수 있습니다. 여기에서 말하는 유지보수란 기존의 규칙에서는 분류할 수 없는 새로운 스팸 메일이 나타났을 때, 그 메일을 분류하는 규칙을 추가하는 기능을 나타냅니다. 사람이 규칙을 만들게 되면 규칙이 복잡하고 방대해져서 '어디에 어떤 규칙을 추가하면 좋을지 알 수 없다'라는 사례가 적지 않습니다. 이런 상태에서 새로운 규칙을 추가하면 기존 규칙에 악영향을 미치고 지금까지 정확하게 스팸 메일로 구분할 수 있었던 메일도 잘못 분류할 수 있을 가능성이 높습니다.

하지만 머신러닝의 규칙으로 추출하면 입력된 데이터를 바탕으로 자동으로 분류할 수 있습니다. 따라서 지금까지 사용했던 데이터에 새로운 스팸 메일의 정보를 추가하여 똑같이 학습만 다시 해줘도 새로운 규칙을 적절히 구축할 수 있습니다.

CHAPTER

06

# 머신러닝이란 무엇인가?

○━━ 머신러닝은 구체적으로 무엇을 의미할까?

　머신러닝이란 인간이 규칙을 알려주지 않고 컴퓨터 스스로 주어진 데이터
에서 규칙을 만들어내는 기술을 말합니다. 그러나 아무것도 없는 상태에서
규칙을 구축하지는 못합니다. 사람이 제공한 불완전한 규칙에 대해 사람이
제공한 데이터를 바탕으로 스스로 더 나은 규칙으로 수정해 나간다는 표현이
더 맞습니다. 아무것도 없는 백지 상태에서 데이터만 집어넣어주면 규칙을
구축해 주는 마법같은 방법이 아니라는 것입니다. 또한, 주어진 데이터를 바
탕으로 더 나은 규칙으로 수정해야 하므로 머신러닝을 진행할 때는 그만큼의

대규모 데이터가 필요합니다. 그리고 주어진 데이터는 문제에 맞는 내용이어야만 합니다. 어딘가에 다양한 문제를 풀 수 있는 데이터가 존재하고 AI에게 그 데이터를 학습시켜 여러 분야에서 널리 사용할 수 있는 AI를 만들 수 있다는 뜻이 아닙니다. 데이터는 그 문제에 특화된 데이터여야만 합니다.

예를 들면 사진에 찍힌 피사체가 귤인지 포도인지 구분하는 AI를 개발하고 싶다면 귤이 찍힌 사진과 포도가 찍힌 사진을 대량으로 수집해서 그 데이터를 AI에게 제공해야 합니다. 그리고 그 데이터를 바탕으로 학습한 AI는 어디까지나 '사진에 찍힌 피사체가 귤인지 포도인지만을 추측'할 수 있는 AI에 지나지 않습니다. 귤인지 포도인지 알 수 있다고 해서 또 다른 과일인 사과인지 아닌지를 파악할 수 있다는 것이 아닙니다.

사람이 제공한 불완전한 규칙에 대해 컴퓨터로 하여금 사람이 제공한 데이터를 바탕으로 스스로 더 나은 규칙으로 수정하도록 하는 행위를 머신러닝에서는 '학습'이라고 합니다.

## 머신러닝의 종류와 그 내용

머신러닝에는 다양한 방법이 있지만, 특히 '지도형 머신러닝', '비지도형 머신러닝', '강화형 머신러닝'이라는 세 가지 방법이 주를 이룹니다. 우선 각 학습법이 어떤 일을 수행해 내는지 정리하고 구체적인 예시를 들어 설명해 드리고자 합니다.

■ 머신러닝의 종류 : [지도형 머신러닝]의 개요

지도형 머신러닝은 머신러닝에서 가장 주를 이루는 개념으로 사용 빈도가 높은 방법입니다. 한 마디로 정리하자면 '미리 정답 데이터를 제공한 후, 거기에서 규칙과 패턴을 스스로 학습하도록 하는 방법'입니다. 미리 제공한 정답 데이터를 '학습 훈련 데이터'라고 부르며, 컴퓨터는 이 학습 훈련 데이터에서 일정한 규칙과 패턴을 학습하게 됩니다. 즉, 미리 어떻게 하고 싶다고 생각하는 데이터가 존재하거나, 학습 훈련 데이터를 만들 수 있는 문제같은 경우는 지도형 머신러닝 기법을 활용합니다. 따라서 당연히 학습 훈련 데이터를 만들 수 없는 문제인 경우에는 지도형 머신러닝을 할 수 없습니다.

학습 훈련 데이터를 만들 수 있는 예시로 다음의 두 가지 유형을 꼽을 수 있습니다.

하나는 인간이 스스로 정답을 맞출 수 있는 경우입니다. 예를 들면 스팸 메일 분류(스팸 분류) 등이 이에 해당합니다. 스팸 메일 분류의 주 목적은 당연히 자신에게 날라 온 메일이 스팸 메일인지 아닌지 분류하는 일을 컴퓨터가 스스로 할 수 있도록 하는 데 있습니다. 그렇기 때문에 학습 훈련 데이터에는 스팸 메일과 그렇지 않는 메일 데이터가 필요합니다. 결국 어느 메일이 스팸 메일인지 아닌지 분류해서 학습 훈련 데이터를 만들어야만 합니다.

**사람이 정답을 맞출 수 있거나 애초에 정답이 부여되어 있을 때 학습 훈련 데이터를 만들 수 있습니다.**

스팸 메일을 분류할 때 쉽게 판단할 수 없는 내용이 다소 포함되어 있을 수도 있겠지만, 대체로 대부분의 사람은 자신에게 날라 온 메일의 스팸 메일 여부를 판단할 수 있습니다. 메일을 보고 스팸 메일 여부를 사람이 판단할 수 있다면 당연히 스팸 메일과 그렇지 않은 메일의 데이터를 수집할 수 있습니다. 이렇게 모은 스팸 메일과 그렇지 않은 메일의 데이터가 곧 컴퓨터의 학습 훈련 데이터인 셈입니다.

또 다른 하나는 애초에 정답이 부여된 데이터를 활용할 경우입니다. 이는 사람이 대상물을 보고 정답을 판단할 수 없지만, 학습 훈련 데이터를 만들 수 있는 유형입니다. 예를 들면 부산의 특정 지형을 촬영한 사진과 광주의 특정 지형을 촬영한 사진이 있다고 가정해 봅시다. 아무런 설명없이 이 사진들을 사람들에게 보였을 때 어디에서 촬영한 사진인지 판단할 수 있을까요? 누구나 알 수 있는 그 장소만의 랜드마크라도 찍혔다면 알 수 있겠지만, 그렇지 않다면 정확히 판단하기는 어려울 것입니다. 그러나 이 사진들은 분명 그 두 장소에서 찍어왔습니다. 이와 같이 대부분의 일반 사람은 정답을 알지 못하지만 사진 속에는 정답을 알 수 있는 정보가 분명히 담겨 있습니다. 이와 같은 방식으로 부산에서 촬영한 수많은 사진과 광주에서 촬영한 수많은 사진을 학습 훈련 데이터로 컴퓨터에 제공할 수 있습니다. 물론 이 경우에도 만약 부산에서 촬영한 사진인지 광주에서 촬영한 사진인지 구분할 수 있는 정보를 잃어버렸고, 사람이 봐도 판단할 수 없는 경우에는 학습 훈련 데이터로 만들 수 없습니다.

학습 훈련 데이터의 필요 개수는 사용할 머신러닝의 방법이나 문제에 따라서 달라지지만, 최소 몇만 개는 준비해 두는 편이 좋습니다. 예를 들면 스팸 메일인지 아닌지 구분하는 AI를 만들고 싶다면 스팸 메일과 스팸 메일이 아닌 메일을 각각 1통에 1개 데이터로 계산했을 때 몇 만개가 필요한 셈입니다.

컴퓨터에 학습 훈련 데이터를 제공할 때는 그 메일이 스팸 메일인지 아닌지 분류할 수 있는 상태로 전달해야만 합니다. 그렇게 하지 않으면 컴퓨터는 무엇을 학습해야 할지 파악하지 못하기 때문이죠. 학습 훈련 데이터는 정답을 알려주기 위한 데이터입니다. 예를 들면 스팸 메일일 때는 앞쪽에 1을, 스팸 메일이 아닐 때는 앞쪽에 0을 붙여서 알려줄 수도 있습니다.

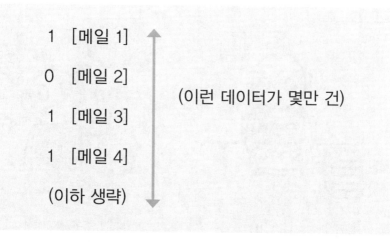

이러한 메일 학습 훈련 데이터를 학습한 컴퓨터는 자신만의 규칙을 만들어 보유하게 됩니다. 이후부터는 메일이 날라 오는 경우 컴퓨터는 그 메일을 분석하여 스팸 메일 여부를 판정한 결과를 출력해 냅니다. 컴퓨터가 보유한 규칙은 주어진 학습 훈련 데이터에 최대한 따른 규칙입니다. 즉, 학습 훈련 데이터로 미리 제공되었던 데이터를 학습한 후 컴퓨터에 문제를 제공하면 가능한 한 정답이 될 만한 답을 출력해 냅니다. 이때 주의해야 할 점은 이 컴퓨터가 스스로 구축해낸 규칙은 학습 훈련 데이터를 따르기 위해 학습한 것이 아니라 학습 훈련 데이터에 없는 미지의 데이터에 대해 예측하기 위해 학습했다는 점입니다. 지정된 데이터에 있는 데이터만 대응할 수 있다면 굳이 머신러닝을 시행할 필요가 없습니다. 모든 규칙을 풀어 쓰면 되기 때문이죠.

**학습 단계에서는 컴퓨터가 학습 훈련 데이터를 학습하여 자신만의 규칙을 구축합니다.**
**예측 단계에서는 구축한 규칙을 사용하여 새로운 데이터를 예측합니다.**

지도형 머신러닝에서는 주어진 학습 훈련 데이터를 학습하고 규칙을 구축하는 부분과, 구축한 규칙을 사용하여 추측하는 부분을 나눠서 이야기할 때가 많습니다. 이 책에서는 전자는 학습 단계, 후자는 예측 단계라고 부르고자 합니다. 다시 말해 학습 단계는 컴퓨터가 학습 훈련 데이터를 학습하여 자신만의 규칙을 구축하는 단계이며, 예측 단계는 구축한 규칙을 사용하여 새로운 데이터를 예측하는 단계입니다. 지도형 머신러닝은 이 두 가지 단계를 통해 이루어집니다.

■ 머신러닝의 종류 : [지도형 머신러닝]의 구체적인 예시

'빵의 이름을 입력하면 음료 이름을 출력해 주는 컴퓨터'를 만든다고 가정해 봅시다. 다시 말해 특정 빵 이름을 입력했을 때 그 빵에 적합한 음료를 알려주는 기계를 만든다고 상상하면 됩니다. 즉, 이 컴퓨터는 빵의 이름을 입력하면 그 빵과 함께 먹었을 때 좋을 만한 음료의 이름을 출력해(알려) 주는 기계인 셈이죠.

이런 컴퓨터를 개발하려 할 때 개발자는 보통 애초에 이렇게 출력해 줬으면 좋겠다는 기대를 하고는 합니다. 즉, 팥 빵에는 우유를 추천하고 싶다거나 크림 빵에는 커피를 추천하고 싶다는 등, 이 빵에는 이 음료를 출력하고 싶다는 기대 말이죠. 만약 이런 기대가 없다면 빵에 적당히 어울리는 음료를 무작위로 추천하면 되므로 머신러닝을 활용할 필요가 없습니다. '이 빵에는 이 음료를 추천해 주고 싶다'라는 생각을 다음 내용처럼 조합해서 정리해 보았습니다.

팥 빵                    → 우유

크림 빵, 팥 빵       → 우유

크림 빵                → 커피

멜론 빵, 소시지 빵 → 커피

딸기잼 빵, 팥 빵    → 우유

딸기잼 빵, 멜론 빵 → 커피

개발자가 기대하는 빵과 음료의 조합 데이터입니다.

이 조합 데이터는 개발자가 기대하는 바이므로 입력과 출력의 정답 조합(정답 데이터)이라고 볼 수 있습니다. 개발자는 표에서 보듯이 '팥 빵', '크림 빵, 팥 빵', '크림 빵', '멜론 빵, 소시지 빵', '딸기잼 빵, 팥 빵', '딸기잼 빵, 멜론 빵'의 6가지 패턴만을 지정하고 소비자가 이들 중 하나를 선택했을 때 추천하는 음료를 지정하고 싶다는 생각을 하고 있습니다. 이런 경우, 즉 6가지 생각만 구현하려 할 때는 굳이 머신러닝을 활용할 필요가 없이 정답 데이터를 바탕으로 아래와 같은 규칙을 쓰면 됩니다.

'팥 빵'을 입력했을 때는 '우유'
'크림 빵'과 '팥 빵'을 입력했을 때는 '우유'
'크림 빵'을 입력했을 때는 '커피'
'멜론 빵'과 '소시지 빵'을 입력했을 때는 '커피'
'딸기잼 빵'과 '팥 빵'을 입력했을 때는 '우유'
'딸기잼 빵'과 '멜론 빵'을 입력했을 때는 '커피'

따라서 이 규칙을 적용하면 소비자가 '크림 빵'과 '팥 빵'을 입력했을 때는 규칙에 따라서 '우유'가 출력됩니다. 그렇다면 '소시지 빵'과 '팥 빵'을 입력하면 어떻게 될까요? 보다시피 개발자가 정한 규칙에는 이런 조합이 존재하지 않으므로 아무런 출력도 나오지 않을 것입니다. 따라서 이런 규칙은 AI에 대해 처음에 언급했던 '알려준 것 이상의 일을 처리할 수 있어야 한다'라는 원리에 반하는 내용이 되어 버립니다. 즉, 이 컴퓨터를 여러 분야에서 널리 사용할 수 있는 AI로 만들려면 당연히 이 6가지 패턴뿐만 아니라, 소비자가 그 이상의 조합으로 입력했을 때도 어떤 음료든 추천할 수 있어야만 합니다.

머신러닝의 임무는 바로 정답 데이터에 쓰여 있지 않은 내용이 입력될 때도 정답 데이터에 쓴 개발자의 마음(정답)을 최대한 반영하여 출력하는 일이 되어야 합니다.

'빵의 이름을 입력하면 음료 이름을 출력해 주는 컴퓨터'를 머신러닝으로 구현할 때는 빵과 음료를 세트로 정답 데이터를 준비해서 미리 이를 학습시키는 과정이 필요합니다. 거듭 말하지만 머신러닝에서는 정답 데이터를 '학습 훈련 데이터'라고 부르며, 학습 훈련 데이터를 사용한 머신러닝을 '지도형 머신러닝'이라고 부르고 있습니다.

이제 지도형 머신러닝이 어떻게 진행되는지 구체적으로 설명해 보고자 합니다. 지도형 머신러닝을 진행할 때는 우선 처음에 컴퓨터가 학습할 때 '바탕'이 되는 내용을 사람이 설계한 후 컴퓨터에게 제공해 줍니다. 이 바탕을 '모델'이라고 부르며, 컴퓨터는 학습 훈련 데이터로 학습한 내용을 모델에 반영해 나갑니다. 이때 처음에 사람이 제공한 모델은 학습 훈련 데이터를 반영하지 않은 상태이므로, 그 사람이 제공한 모델에 대해 수정 가능한 부분이 있는 경우 학습 훈련 데이터를 바탕으로 수정해 나가게 되는데, 이를 머신러닝에서는 컴퓨터가 '학습'한다고 표현합니다. 그래서 컴퓨터가 학습을 끝낸 후의 모델은 학습 훈련 데이터를 반영한 상태이므로, 미지의 데이터도 확실하게 예측할 수 있게 됩니다.

그 예시로 62쪽에서 정한 학습 훈련 데이터(정답 데이터)를 다시 한 번 정리해 두었습니다.

팥 빵 　　　　　　→ 우유

크림 빵, 팥 빵 　　→ 우유

크림 빵 　　　　　→ 커피

멜론 빵, 소시지 빵 → 커피

딸기잼 빵, 팥 빵 　→ 우유

딸기잼 빵, 멜론 빵 → 커피

**빵과 음료의 조합에 관한 정답 데이터(학습 훈련 데이터)입니다.**

컴퓨터는 이 학습 훈련 데이터를 바탕으로 주어진 모델을 수정(학습)해 나
갑니다. 무슨 말인가 하면 학습 훈련 데이터를 바탕으로 주어진 모델 위에
'음료의 이름을 출력하기 위한 규칙'을 스스로 구축해 나간다고 생각하면 됩
니다. 이 컴퓨터에서 출력하는 음료의 이름(종류)은 학습 전후에 상관없이 모
두 학습 훈련 데이터에 있는 음료 중에서만 선택됩니다. 표에서 보다시피 '우
유' 또는 '커피'만이 존재하기 때문에 어떤 빵의 이름을 입력하더라도 이 이외
의 음료 이름을 출력할 수 없습니다.

또 하나 중요한 점은 머신러닝으로 추출된 규칙은 매우 유연하다는 점입니

다. 예를 들면 학습 훈련 데이터에 없는 조합인 '소시지 빵'과 '팥 빵'을 입력해도 아마 '우유'라고 출력할 수 있습니다. 왜냐하면 머신러닝이 "'크림 빵'과 팥 빵'이라고 입력하면 '○○'를 출력한다"라는 고정된 규칙을 만들지 않고, '크림 빵'이나 팥 빵'이라는 입력의 특징 자체(이 예에서 빵 자체)에서 스스로 규칙을 추출하기 때문입니다.

컴퓨터가 학습하는 이미지를 좀 더 쉽게 떠올릴 수 있도록 조금 더 구체적으로 설명해 보도록 하겠습니다. 컴퓨터가 6가지의 학습 훈련 데이터를 어떻게 학습하는지에 관한 내용입니다. 먼저 바탕(모델)으로 70쪽의 [표 1]을 컴퓨터에 제공해 줍니다. 즉, 행에는 입력할 빵의 종류, 열에는 출력할 음료의 종류를 나타냅니다.

이때 컴퓨터가 학습하고 싶은 내용은 어떤 빵이 우유와 커피 중에서 어느 쪽과 더 '강력한 연결고리'로 연결되어 있느냐입니다. 여기서 말하는 강력한 연결고리란 어떤 빵을 입력했을 때 어떤 음료가 어느 정도의 확률로 출력할 수 있는지를 나타내는 것이라고 생각하면 됩니다. 강력한 연결고리는 표의 해당 부분에 ● 표시를 하여 표현했습니다. 컴퓨터는 제공받은 모델에 대해 학습 훈련 데이터를 바탕으로 ● 표시를 하면서 음료와 빵의 강력한 연결고리를 수정해 나갑니다. 예를 들면 소시지 빵과 우유에 강력한 연결고리가 있을 때는 소시지 빵과 우유가 만나는 칸에 ● 표시 여러 개가 들어갈 수 있죠.

그럼 주어진 데이터를 바탕으로 어떻게 학습해 나가는지 살펴보기로 합니다. 컴퓨터는 주어진 학습 훈련 데이터에 대해 위에서부터 순서대로 학습해 나갑니다. 그래서 첫 번째 데이터인 '팥 빵 → 우유'를 학습한 후, 이 정보를 통해 팥 빵과 우유에 연결고리가 있다는 점을 학습하게 됩니다. 이때 빵과 음료 간의 연결고리를 입력 내용에 의거하여 ● 표시를 넣어서 표현하면 [표 2] 처럼 나타낼 수 있습니다. 즉, 표가 모델이며 컴퓨터가 학습을 통해 표 안에 ● 표시를 배치(규칙을 추출)한다고 생각하면 됩니다.

이어서 2번 째 데이터인 '크림 빵, 팥 빵 → 우유'를 학습할 차례입니다. 컴퓨터는 학습한 정보를 바탕으로 아까와 마찬가지로 '팥 빵'과 '크림 빵'에 대해 각각 '우유'에 해당하는 칸에 ● 표시를 집어 넣어줍니다. [표 3]

그 다음은 '크림 빵 → 커피' 차례입니다. 여기에서 문제가 하나 발생하는데 65쪽의 빵과 음료의 조합에 관한 정답 데이터(학습 훈련 데이터)를 다시 한 번 살펴보기로 합니다.

| 팥 빵 | → 우유 | ➡ 1:1로 명확히 대응되어 있음 |
| 크림 빵, 팥 빵 | → 우유 | |
| 크림 빵 | → 커피 | ➡ 1:1로 명확히 대응되어 있음 |
| 멜론 빵, 소시지 빵 | → 커피 | |
| 딸기잼 빵, 팥 빵 | → 우유 | |
| 딸기잼 빵, 멜론 빵 | → 커피 | |

다른 데이터는 2개의 빵을 선택했을 때의 추천 음료이지만 1, 3번 째 데이터는 정확히 특정 빵 1개만을 선택했을 때 추천 음료가 지정되어 있습니다. 즉, 팥 빵만을 선택하면 우유, 크림 빵만을 선택하면 커피가 확실히 지정된 상태입니다.

하지만 3 번째 데이터에 대해 주어진 규칙대로 [표 3] 위치에 ● 표시를 집어넣다 보면 크림 빵은 우유와 커피 ●의 개수가 각각 1개 씩으로 똑같아지므로, 소비자가 '크림 빵' 1개만을 입력했을 때 '커피'를 출력할 수 없다는 문제가 발생하게 됩니다. 그래서 학습하고자 하는 학습 훈련 데이터에 반하지 않도록 크림 빵과 우유의 연결고리(●)를 줄여줍니다. 그렇게 하면 '크림 빵'을 입력했을 때 '커피'를 출력할 수 있게 됩니다. [표 4]

이와 같이 학습 훈련 데이터에는 다양한 입력과 출력의 조합이 기록되어 있는 상태이므로, 컴퓨터가 학습하다 보면 어느 부분의 학습 결과와 다른 부분의 학습 결과가 모순되는 상황이 발생할 수 있습니다. 그럴 때도 가능한 한 양쪽 내용을 모두 반영할 수 있도록 수정해 나가는 과정을 반복하게 됩니다. 즉, 머신러닝에서 학습은 이처럼 미세한 수정의 반복으로 이루어집니다.

| | 우유 | 커피 |
|---|---|---|
| 팥 빵 | | |
| 크림 빵 | | |
| 멜론 빵 | | |
| 소시지 빵 | | |
| 딸기잼 빵 | | |

[표 1] 머신러닝의 바탕(모델)을 나타낸 표입니다. 음료수(우유, 커피)와 빵의 '연관성'은 해당 칸에 '●'를 넣어 표현합니다.

| | 우유 | 커피 |
|---|---|---|
| 팥 빵 | ● | |

[표 2] 컴퓨터가 팥 빵과 우유에 연결고리가 있다는 점을 학습했을 때의 표입니다.

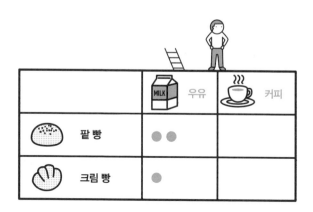

| | 우유 | 커피 |
|---|---|---|
| 팥 빵 | ●● | |
| 크림 빵 | ● | |

[표 3] '팥 빵'과 '크림 빵'에서 각각 '우유'에 해당하는 칸에 ●를 집어 넣어줍니다.

| | 우유 | 커피 |
|---|---|---|
| 팥 빵 | ●● | |
| 크림 빵 | ○ | ● |

[표 4] '크림 빵'과 '우유'의 연결고리를 약하게 만들면(●를 줄이면) '커피'를 출력할 수 있습니다.

| | 우유 | 커피 |
|---|---|---|
| 팥 빵 | ●● | |
| 크림 빵 | | ● |
| 멜론 빵 | | ● |
| 소시지 빵 | | ● |

[표 5] '멜론 빵, 소시지 빵 → 커피'를 학습했을 때의 표입니다.

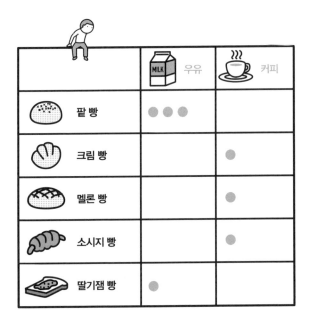

[표 6] '딸기잼 빵, 팥 빵
→ 우유'를 학습했을 때
의 표입니다.

이어서 '멜론 빵, 소시지 빵 → 커피'를 학습할 차례입니다[표 5].

그리고 '크림 빵, 팥 빵 → 우유'를 학습합니다[표 6].

마지막으로 '딸기잼 빵, 멜론 빵 → 커피'를 학습합니다[표 7].

이처럼 빵(입력 내용의 특징) 자체의 값을 수정해 가면서 학습한 후, 학습 훈
련 데이터를 바탕에 두어 규칙을 추출합니다. 정돈하면 지도형 머신러닝이
란 학습 훈련 데이터를 차례로 학습하면서, 그때마다 규칙을 미세하게 수정
해 나가는 방법을 말합니다. [표 7]은 학습 훈련 데이터를 한 차례 학습한 상
태의 모델(표)의 예시에 해당합니다.

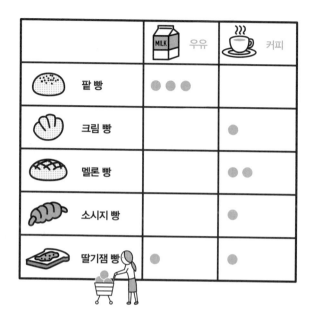

[표 7] 학습 훈련 데이터를 한 차례 학습 완료한 상태의 모델(표)입니다.

개발자가 최초에 정해 둔 6가지 패턴의 단순한 규칙에 대해 표 7처럼 모델을 정리해 놓으면 이후부터는 소비자가 학습 훈련 데이터에는 없는 미지의 데이터를 입력하더라도 ●의 수를 비교하여 많은 쪽을 선택함으로써 가장 적절한 음료의 이름을 출력할 수 있습니다. 예를 들면 '팥 빵'과 '멜론 빵'을 입력했을 때 우유는 ●가 3개, 커피는 2개이므로 '우유'를 추천할 수 있게 됩니다. 단순한 규칙에서는 기록되지 않은 상태의 대답은 할 수 없었지만, 이처럼 모델을 정리해 두면 예상치 못한 입력에도 대답할 수 있게 됩니다.

'그러면 사람이 직접 이렇게 유연한 규칙을 만들어내면 되지 않을까?'라고 생각하는 사람이 있을 수 있을 것입니다. 물론 여기에서 설명한 예시는 빵의 종류도 적고, 출력할 음료도 2종류 뿐이라 사람이 직접 규칙을 만들기 쉬울 수 있습니다. 하지만 빵의 종류가 1만 개, 음료가 500종에 이르는 대량의 학습 훈련 데이터가 있다고 상상해 봅시다. 사람이 그 많은 데이터를 보고 제대로 된 규칙을 만드는 일이 과연 가능할까요? 머신러닝의 장점은 그러한 대규모 데이터에서 정확한 규칙을 추출할 수 있다는 점입니다. 학습 훈련 데이터에 없는 입력 내용에 대한 컴퓨터 대답의 정답 여부는 사람이 직접 확인해야 하지만, 그래도 해당 학습 훈련 데이터를 정답이라고 생각하면 가능한 한 정답에 가까운 대답을 출력해 주게 됩니다.

어찌 보면 너무 단순한 이야기라서 '이런 방식으로 제대로 처리할 수 있겠어?'라는 의문도 생길 수 있습니다. 그래서 조금 더 자세한 내용을 말하고자 합니다.

앞선 예시에서는 컴퓨터가 머신러닝의 결과를 '우유와 커피 중에서 콕 찝어서 출력한다'라고 정해놓았지만, 실제로는 '출력할 음료가 우유일 확률과 커피일 확률'을 출력하는 것이 정답입니다. 즉, '팥 빵'이라고 입력되었을 때 바로 '우유'를 출력하는 것이 아니라 "'우유'가 정답일 가능성이 80%, '커피'가 정답일 가능성이 20%"라는 확률을 출력해내는 것입니다. 그 이유는 마치 집

중 공략하듯이 음료 이름을 콕 집어서 출력하려고 하면 대량의 학습 훈련 데이터에 일치하는 유연한 모델을 만들기 어려워지기 때문입니다. 그러나 확률을 출력하면 더 자세하고 미세하게 모델을 수정할 수 있기 때문입니다.

예시에서는 학습 방법도 학습 훈련 데이터에 일치하도록 규칙을 변경했지만(즉, ●의 수를 곧바로 늘리거나 줄였지만), 실제로는 그때까지의 모델(도중까지 학습을 끝낸 상태의 모델)을 활용하여 앞으로 학습하려는 학습 훈련 데이터에 대한 출력 결과와 실제로 학습 훈련 데이터에 기록된 정답과의 차이에 따라서 규칙을 미세하게 수정해 나가는 경우가 대부분입니다. 또한 앞으로 학습하려는 입력 내용(학습 훈련 데이터)이 현재 모델로 예측한 결과와 학습 훈련 데이터에 기록된 정답 데이터에 큰 차이가 없을 때는 모델을 수정하지 않지만, 큰 차이가 있을 때는 모델을 대폭 수정(규칙을 변경)해 나갑니다.

지도형 머신러닝에서는 학습 훈련 데이터를 한 차례만 학습시켜서 학습을 끝낼 때도 있지만, 똑같은 데이터를 여러 차례 학습시킬 때도 있습니다. 두 번째 학습은 첫 번째 학습에서 완성된 모델을 더 정돈해 주는 셈이 되는 것이죠. 학습 훈련 데이터가 그다지 많지 않을 때는 몇 차례씩 학습해 주면 더 좋은 결과를 출력해낼 수도 있습니다.

물론 더 많은 데이터가 있을 때는 더 성능이 좋은 모델을 만들 수 있을 것

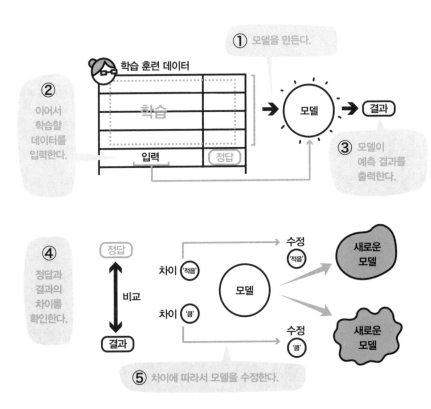

현재의 모델에서 예측한 결과와 학습 훈련 데이터(정답 데이터)의
차이에 따라서 모델을 수정해 나갑니다.

입니다. 지도형 머신러닝에서는 '학습 훈련 데이터를 어떻게 만들지' 또는 '어느 정도의 데이터양을 준비하는지'에 따라 모델의 성능이 크게 좌우됩니다.

■ 머신러닝의 종류 : [비지도형 머신러닝]의 개요

비지도형 머신러닝을 한 마디로 정의하자면 말 그대로 학습 훈련 데이터를 제공하지 않고 시행하는 머신러닝 방법입니다. 비지도형 머신러닝은 지도형 머신러닝과 다른 목적으로 사용됩니다. 지도형 머신러닝과 비지도형 머신러닝은 각각 적합한 용도가 다르므로, 우선 이 두 가지 차이를 정확히 알고 있어야만 합니다.

앞서 지도형 머신러닝에서는 '빵의 이름을 입력하면 음료의 이름을 출력해주는 컴퓨터'를 예로 들었습니다. 출력할 음료의 이름은 미리 준비해 둔 '학습 훈련 데이터(빵 또는 빵의 조합에 대응하는 음료가 기록된 데이터)'를 바탕으로 출력할 수 있도록 학습했었죠. 또 출력된 음료의 이름은 그 데이터에 기록된 '우유'나 '커피' 중 하나를 선택했습니다.

그러면 이 문제를 바라보는 관점을 조금 바꿔봅시다.

'빵의 이름을 입력하면 특정 음료의 이름 중 하나를 선택해서 출력한다'라는 것은 곧 빵(또는 빵의 조합)을 '우유'나 '커피' 중 하나를 어느 그룹으로 분류한

다'라는 뜻입니다. 예를 들면 '팥 빵'은 '우유' 그룹으로 분류하고, '크림 빵'은
'커피' 그룹으로 분류하는 거죠.

팥 빵　　　　　　　→ 우유 그룹

크림 빵, 팥 빵　　　→ 우유 그룹

크림 빵　　　　　　→ 커피 그룹

멜론 빵, 소시지 빵 → 커피 그룹

딸기잼 빵, 팥 빵　　→ 우유 그룹

딸기잼 빵, 멜론 빵 → 커피 그룹

'빵의 이름을 입력하면 음료의 이름을 출력'하는 일은
곧 '빵을 음료 그룹으로 분류'하는 일입니다.

즉, 이 말뜻은 지도형 머신러닝에서 진행했던 작업은 '분류 작업'으로 문제를 해결했다는 뜻이 됩니다. 이러한 관점의 변화는 AI를 활용하는 데 있어서 중요한 '풀어야 할 문제'를 '머신러닝으로 풀 문제'로 반영하는 데 효과적이므로 꼭 기억해 두기 바랍니다.

한편 비지도형 머신러닝은 말 그대로 지도해 주지 않는(정답 데이터를 제공하지 않는) 학습 방법을 말합니다. 따라서 정답을 알 수 없거나 정답이 없는 데이터를 사용할 때는 비지도형 머신러닝을 시행합니다. 한 마디로 말해 데이터가 암묵적으로 갖춘 규칙성을 추출할 수 있는 학습 방법인 셈이죠.

이 시점에서 오해를 하지 말아야 할 것이 '비지도형 머신러닝'이라는 이름만을 보고 '학습 훈련 데이터가 없는데 규칙을 추출할 수 있다니 대단한데?'라거나 '지도형 머신러닝의 상위 단계인가?'라고 생각할 수 있지만, 실제로는 이 두 종류의 머신러닝 기술을 필요에 따라 적재적소에 사용할 뿐이므로 어느 쪽이 더 뛰어나다고 할 수 없다는 것입니다. 또 '비지도형'이라고 표현하기는 하지만, 실제로는 분명한 정답만 없을 뿐 주어진 데이터가 모두 학습 훈련 데이터와 같은 내용을 담고 있다고 생각하면 됩니다.

분명한 정답이 주어지지 않은 데이터를 사용할 때는 데이터를 그룹화할 때 문제가 자주 발생합니다. 그룹화란 '여러 데이터를 정리하고 분할하는 작업'

을 뜻하는 것으로 데이터를 그룹화하는 작업을 '클러스터링'이라고 부릅니다. 또한 클러스터링으로 인해 생기는 그룹을 '클러스터'라고 부르고 있습니다.

비지도형 머신러닝은 이러한 클러스터링을 시행할 때 도움이 많이 되는 학습 방법입니다. 그러나 도움이 된다고 해서 '비지도형 머신러닝=클러스터링'이라는 뜻은 아니므로 이 점에 유의하기 바랍니다.

## ■ 분류(지도형 머신러닝)

| 목적 | 빵을 단 빵인지, 달지 않은 빵인지 분류하기 위한 모델을 만들고 싶다(규칙을 학습하고 싶다). |
|---|---|
| 학습에 사용할 데이터 | 단 빵: 딸기잼 빵, 크림 빵, 멜론 빵, 초코 칩 빵, 팥 빵, 시나몬 롤<br>달지 않은 빵: 햄버거 빵, 소시지 빵<br><br>달다<br><br>달지 않다 |
| 학습을 통해 얻은 것 | 단 빵인지, 달지 않은 빵인지 빵을 분류하기 위한 모델 |
| 모델 | 학습을 통해 얻은 모델을 이용할 수 있게 되면 미지의 데이터(미지의 빵 이름)가 입력되었을 때 그 빵이 단 빵과 달지 않은 빵 중에서 어느 쪽으로 분류될지 추측할 수 있습니다. |

분류와 클러스터링은 매우 혼동하기 쉬운 단어입니다. 자신이 풀고 싶은 문제가 어느 쪽에 속하는지를 판단하여 용도에 맞게 지도형 머신러닝과 비지도형 머신러닝을 구분해서 사용하는 것이 좋습니다. 아래에 각 머신러닝에 관한 내용을 간단히 표로 정리해 두었습니다. 단 빵과 달지 않은 빵의 두 종류 또는 클러스터 1과 2라는 두 종류로 예시를 들어 놨는데 이는 분류와 클러스터링을 간단히 설명하기 위함이므로, 그 개수는 두 종류 이상이 되어도 전혀 상관이 없음을 알려드립니다.

### ■ 클러스터링(비지도형 머신러닝)

| 목적 | 빵을 두 개의 클러스터로 구분하고 싶다. |
|---|---|
| 학습에 사용할 데이터 | 멜론 빵, 팥 빵, 햄버거 빵, 소시지 빵, 크림 빵, 초코 칩 빵, 딸기잼 빵, 시나몬 롤 |
| 학습을 통해 얻은 것 | 앞서 사용했던 데이터를 이용하여 만든 두 가지 클러스터. '앞서 사용했던 데이터를 이용하여 만든 두 가지 클러스터'를 예로 들면 다음과 같습니다. |
| 모델 | 클러스터 1: 딸기잼 빵, 크림 빵, 멜론 빵, 초코 칩 빵, 팥 빵, 시나몬 롤<br>클러스터 2: 햄버거 빵, 소시지 빵 |

여기에서 중요한 점은 클러스터링으로 얻은 클러스터 1과 클러스터 2가 어떠한 특징으로 데이터를 수집한 클러스터인지에 대한 사항은 사람이 그 내용을 보고 유추해야만 한다는 점에 있습니다. 비지도형 머신러닝에서는 데이터를 클러스터링해 주고 있지만, 그렇게 만들어진 클러스터가 어떠한 특징을 통해 성립되었는지는 알려주지 않습니다. 이번에 든 예시를 살펴보면 클러스터 1은 단 빵, 클러스터 2는 달지 않은 빵이라는 사실을 바로 눈치 챌 수 있지만, 사용한 데이터나 얻어낸 클러스터 수에 따라서는 언뜻 보아 어떤 이유로 모아놓은 것인지 제대로 파악할 수 없는 항목도 있습니다.

또 사용할 클러스터링 방법에 따라서 결과가 바뀔 수 있다는 점에도 주의해야 합니다. 위의 표에서 보여준 클러스터링 결과는 우연히 단 빵과 달지 않은 빵의 맛으로 분류되어 있어 지도형 머신러닝의 결과와 일치하지만, 클러스터링 방법이 달라지면 오른쪽에 나타낸 그림과 같은 전혀 성격이 다른 클러스터도 얻을 수 있게 됩니다.

그렇다면 이 그림에서 보여준 클러스터 1과 클러스터 2는 각각 어떠한 특징으로 분류되었는지 아시나요? 정답은 빵 속에 든 내용물이 완전히 감싸져 있는 빵은 클러스터 1, 다 감싸져 있지 않은 빵은 클러스터 2로 구분된 상태입니다.

클러스터 1

클러스터 2

**위와 같이 두 가지 클러스터가 만들어졌습니다.**
**어떤 특징으로 분류되었는지 아시나요?**

　이처럼 비지도형 머신러닝을 사용한 클러스터링에서는 클러스터링의 방법과 얻을 수 있는 클러스터의 개수, 사용할 데이터에 따라 얻을 수 있는 결과가 달라집니다. 그리고 얻어진 클러스터가 어떠한 특징으로 분류되었는지는 인간이 보고 유추해야만 합니다. 그런 다음 클러스터링을 통해 얻은 결과가 기대했던 내용과 크게 다를 때는 클러스터의 개수와 클러스터링 방법을 재조정하거나, 필요할 때는 데이터 자체도 수정해 나가면서 시행착오를 거듭해 가면 됩니다.

■ 머신러닝의 종류 : [비지도형 머신러닝]의 구체적인 예시

좀더 구체적으로 비지도형 머신러닝의 의미를 떠올릴 수 있도록 아주 간단한 클러스터링 방법을 예로 들어 설명해 보겠습니다. 여기서 제시한 방법은 가장 닮은 항목끼리 붙여나가는 클러스터링 기법으로, '응집형 클러스터링' 또는 '상향 클러스터링(Bottom-up clustering)'이라고 부릅니다.

그러면 바로 응집형 클러스터링을 실행해 보겠습니다. 이번에는 학습할 데이터(클러스터링할 데이터)로 다음의 다섯 가지 문장을 준비했습니다.

- 멜론 빵과 딸기잼 빵을 먹는다.
- 멜론 빵과 딸기잼 빵과 소시지 빵을 사온다.
- 소시지 빵과 크림 빵은 맛있다.
- 야구도 축구도 좋아해요.
- 축구는 아주 즐거워요.

비지도형에서는 이러한 데이터를 '학습 데이터' 또는 '훈련 데이터'라고 합니다. 호칭은 다르지만 지도형 머신러닝의 '학습 훈련 데이터'와 마찬가지로 인간이 미리 컴퓨터에 제공한 데이터에 해당합니다.

그러면 클러스터링을 시작해 볼까요? 처음에는 이런 모든 문장에 대해 각

각 클러스터라고 생각하면 됩니다. 즉, '첫 번째 문장으로 이루어진 클러스터', '두 번째 문장으로 이루어진 클러스터'처럼 각각 다섯 개의 클러스터가 존재한다고 상상하면 됩니다. [그림 1]

그러면 이제 가장 비슷한 클러스터끼리 순서를 붙여(융합해)나가면 되는데 무엇을 단서로 '가장 비슷한지' 분류하면 좋을까요?

이는 어떤 데이터를 사용하는지에 따라 정의가 다양해질 수 있습니다. 예를 들어 데이터가 수치로 이루어져 있다면 '클러스터에 포함된 두 수치의 차가 가장 작은 것'을 가장 비슷하다고 정의할 수 있죠. 이때 '가장 비슷하다'라는 정의는 학습 데이터에 따라 적절히 결정하는 것이 중요합니다.

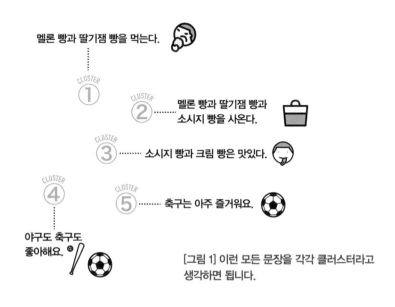

멜론 빵과 딸기잼 빵을 먹는다.

CLUSTER ①

CLUSTER ② ········ 멜론 빵과 딸기잼 빵과 소시지 빵을 사온다.

CLUSTER ③ ······· 소시지 빵과 크림 빵은 맛있다.

CLUSTER ④

CLUSTER ⑤ ······· 축구는 아주 즐거워요.

야구도 축구도 좋아해요.

[그림 1] 이런 모든 문장을 각각 클러스터라고 생각하면 됩니다.

이번에는 '각 문장에 포함된 명사가 일치하는 숫자'를 '닮은 정도'라고 생각하여 닮은 정도가 최대인 것(같은 명사를 포함하는 숫자가 최대인 것)을 '가장 닮았다'라고 정의해 보기로 합시다. 다섯 가지 문장은 각각 [표 8]처럼 '○'가 붙어있는 명사가 포함되어 있습니다.

그럼 먼저 1번 문장부터 살펴보기로 합니다. 1번 문장과 나머지 네 문장을 비교하여 비슷한 정도를 산출해 냅니다. 비슷한 정도는 '각 문장에 포함된 명사가 일치하는 개수'로 정하기로 했으므로 1번과 2번 문장의 비슷한 정도는 '2', 1번과 3번 문장의 비슷한 정도는 '0', 1번과 4번 문장의 비슷한 정도는 '0', 1번과 5번 문장의 비슷한 정도는 '0'으로 산출할 수 있습니다. [표 9]

| 문장 | 멜론 빵 | 딸기잼 빵 | 소시지 빵 | 크림 빵 | 야구 | 축구 |
|---|---|---|---|---|---|---|
| 1 | ○ | ○ | | | | |
| 2 | ○ | ○ | ○ | | | |
| 3 | | | ○ | ○ | | |
| 4 | | | | | ○ | ○ |
| 5 | | | | | | ○ |

[표 8] 문장 1~5에 포함된 명사에 '○'를 붙여줍니다.

이어서 2번 문장도 동일한 방법으로 비슷한 정도를 산출해 냅니다. 2번과 3번 문장의 비슷한 정도는 '1', 2번과 4번 문장의 비슷한 정도는 '0', 2번과 5번 문장의 비슷한 정도는 '0'입니다. [표 10]

계속하여 3번 문장 이후의 문장도 동일한 방법으로 모두 조합하여 비슷한 정도를 산출해 냅니다. 그렇게 되면 가장 비슷한 클러스터는 1번과 2번 클러스터가 되고, 비슷한 정도는 '2'라는 사실을 알 수 있습니다.

그러면 이 2개의 클러스터를 융합합니다. 이로써 '1번과 2번 문장으로 이루어진 클러스터', '3번 문장으로 이루어진 클러스터', '4번 문장으로 이루어진 클러스터', '5번 문장으로 이루어진 클러스터' 이렇게 네 개의 클러스터가 만들어집니다[그림 2]. 이 상태에서 또 가장 비슷한 내용을 찾아냅니다.

| 문장 | 2번 문장과 비슷한 정도 |
| --- | --- |
| 2 | 2 |
| 3 | 0 |
| 4 | 0 |
| 5 | 0 |

[표 9]

| 문장 | 1번 문장과 비슷한 정도 |
| --- | --- |
| 3 | 1 |
| 4 | 0 |
| 5 | 0 |

[표 10]

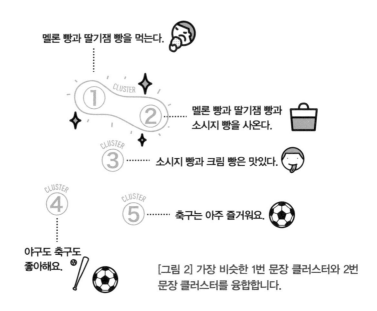

[그림 2] 가장 비슷한 1번 문장 클러스터와 2번 문장 클러스터를 융합합니다.

여기서 다음과 같은 의문점이 생길 수 있습니다. 처음에는 어떤 한 문장만을 기준으로 하는 클러스터였기 때문에 각 문장에 포함된 명사가 일치하는 개수가 최대인 것을 기준으로 가장 비슷한 클러스터를 찾았습니다. 하지만 이번에는 2개의 문장(1번과 2번 문장)이 포함된 클러스터가 존재하고 있습니다. 그렇다면 여러 문장이 포함된 클러스터와 문장이 하나만 포함된 클러스터 사이에서 가장 비슷한 클러스터를 찾으려면 어떻게 해야 할까요?

이 문제를 해결할 방법은 몇 가지가 있는데 그중에서 아주 간단한 방법 두 가지를 소개해 드리겠습니다. 어떤 방법을 선택해도 처음에 해야 할 작업은 똑같습니다.

1번과 2번 문장으로 이루어진 클러스터와 3번 문장으로 이루어진 클러스터가 얼마나 비슷한지 알고 싶을 때는 우선 1번과 3번 문장, 2번과 3번 문장을 각각 비교해 봅니다. 1번과 3번 문

| 문장 | 3번 문장과 비슷한 정도 |
|:---:|:---:|
| 1 | 0 |
| 2 | 1 |

[표 11]

장에서는 일치하는 명사가 없으므로 비슷한 정도는 '0'입니다. 그리고 2번과 3번 문장에서는 일치하는 명사가 1개이므로 비슷한 정도는 '1'입니다.

[표 11]


따라서 이 경우 1번과 2번으로 이루어진 클러스터와 3번 문장으로 이루어진 클러스터의 비슷한 정도를 1번과 3번 문장으로 기준을 잡으면 비슷한 정도는 '0'이 되고, 2번과 3번 문장으로 기준을 잡으면 비슷한 정도는 '1'이 됩니다.


이때 문제를 해결할 첫 번째 방법은 가장 좋은 결과를 채택하는 방법입니다. 즉, 1번과 2번 문장으로 이루어진 클러스터와 3번 문장으로 이루어진 클러스터의 비슷한 정도는 '1'이라고 여기는 것이죠. 이러한 방법을 '단연결법'이라고 부릅니다.

두 번째 해결 방법은 첫 번째와는 반대로 가장 좋지 않은 결과를 채택하는 방법입니다. 이 방법은 '완전연결법'이라고 부릅니다.

그러면 이번에는 '단연결법'을 사용하여 클러스터링해 봅시다. 단연결법을

사용했을 때 1번과 2번 문장으로 이루어진 클러스터와 3번 문장의 비슷한 정도는 '1'이 됩니다. 4번과 5번 문장도 이와 마찬가지로 비슷한 정도는 '1'이 되며, 그 외 문장 조합의 비슷한 정도는 '0'이 되죠. 그렇게 하다 보면 [그림 3]처럼 클러스터를 정리할 수 있습니다.

여기까지 1, 2, 3번 문장으로 이루어진 클러스터와 4, 5번 문장으로 이루어진 클러스터로 나누어지게 됐습니다. 이처럼 여러 문장이 포함된 클러스터끼리 비교할 때도 단연결법과 완전연결법 등의 방법을 활용합니다.

이제 남은 두 클러스터를 단연결법으로 클러스터링하면 비슷한 정도는 '0'이 됩니다. 그러나 비슷한 정도는 '0'이지만, 그밖에 비교 대상이 없으므로 이두 클러스터가 가장 비슷한 무리가 되면서 융합되고 클러스터링이 종료됩니다. [그림 4]

이처럼 응집형 클러스터링에서는 결국 모든 항목을 하나로 붙여버리므로 적당한 지점에서 멈추게 할 필요가 있습니다. 그럴 때는 미리 '○개의 클러스터가 필요하다'라는 정보를 컴퓨터에 제공해 두면 됩니다.

비지도형 머신러닝을 사용한 클러스터링에서는 클러스터 분류(그룹 분류)라는 행위 자체가 '학습'에 상응합니다. 물론 학습하는 것처럼 보이지 않을 수 있지만, 어떻게 클러스터링하면 좋을지 생각하면서 작동한다는 것 자체가 학습다운 면모이지 않을까 싶습니다.

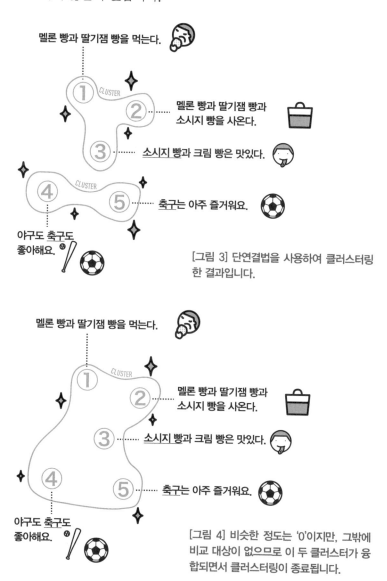

멜론 빵과 딸기잼 빵을 먹는다.

① CLUSTER
②········ 멜론 빵과 딸기잼 빵과
소시지 빵을 사온다.
③········ 소시지 빵과 크림 빵은 맛있다.
④ CLUSTER ⑤········ 축구는 아주 즐거워요.
야구도 축구도
좋아해요.

[그림 3] 단연결법을 사용하여 클러스터링
한 결과입니다.

멜론 빵과 딸기잼 빵을 먹는다.

① CLUSTER
②········ 멜론 빵과 딸기잼 빵과
소시지 빵을 사온다.
③········ 소시지 빵과 크림 빵은 맛있다.
④ ⑤········ 축구는 아주 즐거워요.
야구도 축구도
좋아해요.

[그림 4] 비슷한 정도는 '0'이지만, 그밖에
비교 대상이 없으므로 이 두 클러스터가 융
합되면서 클러스터링이 종료됩니다.

클러스터링에는 이번에 소개한 응집형 클러스터링 이외에도 다양한 방법이 있습니다. 클러스터링을 시행할 때는 '클러스터로 데이터를 구분하고 싶다'라는 생각이 기본적인 동기가 됩니다. 클러스터링 결과를 보고 기대했던 결과와 다를 때는 얻어내고 싶은 클러스터 개수를 변경하거나 다른 클러스터링 방법을 시도해 보는 것도 좋은 방법입니다.

또 같은 클러스터링 방법을 사용하더라도 '무엇을 기준으로 가장 비슷한 정도를 판단할지', '클러스터끼리 어떻게 비교할지' 등을 어떻게 설정하느냐에 따라 결과는 달라집니다. 비지도형 머신러닝은 결코 '데이터를 아무렇게나 먼저 넣어주면 클러스터링해 주는 방법'이 아닙니다. 머신러닝을 활용할 때도 목적에 따라서 시행착오가 필요하다는 점을 마음에 새겨두기 바랍니다.

■ 머신러닝의 종류 : [강화 학습]의 개요

강화 학습이란 용어를 간단히 표현하자면 '특정 상태에서 다양한 행동을 평가한 후, 더 좋은 행동을 스스로 학습하는 방법'을 말하는 것입니다. 특히 최근 화제가 되었던 바둑 및 장기와 같은 게임이나 로봇의 동작을 제어하는 과정에서 높은 성능을 발휘하기도 했습니다. 처음 배우는 분들인 경우 강화 학습은 지도형 머신러닝이나 비지도형 머신러닝보다 사용하기 조금 어려운 방법일 수 있습니다.

강화 학습은 지도형 머신러닝처럼 명시적인 답(학습 훈련 데이터)을 제공하지 않지만, 행동 선택지 및 선택한 행동이 좋은지 아닌지를 판정하는 기준을 사람이 제공해 줍니다. 그러면 컴퓨터는 지정된 범위 내에서 시행착오를 반복해 나가면서 학습을 하게 됩니다. 그렇기 때문에 바둑이나 장기처럼 규칙이 정해져 있고 평가 기준도 제공할 수 있는 문제에는 적합하지만, 규칙을 정할 수 없는 문제는 처리해내지 못한다는 단점이 있습니다.

■머신러닝의 종류 : [강화 학습]의 구체적인 예시

앞에서도 이야기했듯이 강화 학습은 '특정 상태에서 다음에 어떤 행동을 취해야 하는 것이 좋을지'에 대한 규칙을 시행착오를 통해 도출하는 방법을 말합니다. 즉, 특정 행동을 취한 후, 그 결과가 좋은지 나쁜지를 판단하여 '특정 상태에서 그 다음에 어떤 행동을 취해야 하는 것이 좋을지'를 개선해 나갑니다. 이는 사람이 일상생활을 하는 과정에서 특정 행동에 대해 수많은 시행착오를 거치면서 좀더 나은 경험을 쌓아 나가는 방법과 비슷합니다.

'다음에 어떤 행동을 취해야 할지'에 대한 규칙은 '이어서 다음 행동을 취할 확률'로 나타낼 수 있습니다. 예를 들면 왼쪽과 오른쪽 중 어디로 나가야 할지 정해야 할 상황에서 '오른쪽으로 갈 확률 30%, 왼쪽으로 갈 확률 70%'와 같은 형태로 표현합니다. 그러므로 '오른쪽으로 갈 확률 30%, 왼쪽으로 갈 확률 70%'라는 규칙을 유지한다면 컴퓨터는 당연히 왼쪽으로 가겠다는 선택을 많이 하겠죠. 그렇지만 왼쪽으로 갔을 때 안 좋은 상황이 벌어졌다고 하면 컴퓨터는 곧바로 자신이 결정한 규칙이 좋지 않다고 판단하여 왼쪽으로 갈 확률을 낮추고 오른쪽으로 갈 확률을 높이게 됩니다.

컴퓨터는 이러한 시행착오를 반복하면서 최종적으로 좋은 상태에 도달할 가능성이 큰 행동을 쉽게 취할 수 있도록 행동의 확률을 조정해 나갑니다. 이것이 바로 강화 학습에서 말하는 '학습'의 개념입니다. 여기서 알아야 할 것은 '오른쪽으로 갈지 왼쪽으로 갈지'를 결정하는 것이 아니라 '오른쪽으로 갈 확률과 왼쪽으로 갈 확률'이라는 점에 주의해야 합니다.

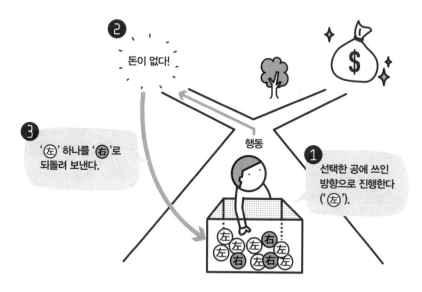

결과에 따라서 행동의 확률을 조정합니다.

그렇다면 컴퓨터는 '좋은 상태로 도달할 가능성이 큰 행동(가치가 있는 행동)' 을 어떻게 해서 찾을 수 있을까요? 그 설명은 아래와 같습니다.

컴퓨터는 특정 상태에서 어떠한 행동을 취한 후 다음의 상태로 이동하고, 그 상태에서 또 어떤 행동을 취한 후 다음 상태로 이동하는 과정을 반복해 나갑니다. 예를 들면 용돈이 없다고 했을 때 용돈을 버는 방법을 생각해 봅시다. 다음 쪽의 표를 살펴보면 남은 용돈이 없을 때 힘든 일을 도와서 500원이라는 용돈을 받으면 금전 상태가 꽤 풍족해 지지만, 편한 일을 도와서 100원이라는 용돈만 받으면 금전 상태는 약간만 풍족해 질 것입니다. [표 12]

| 현재 상태 | 행동 | 보수 | 다음 상태 |
|---|---|---|---|
| 돈이 없는 상태 | 힘든 일을 도와준다 | 500원 | 꽤 풍족한 금전 상태 |
| 돈이 없는 상태 | 편한 일을 도와준다 | 100원 | 약간 풍족한 금전 상태 |

**[표 12] 힘든 일을 도와주면 꽤 풍족해 지지만, 편한 일을 도와주면 약간만 풍족해 집니다.**

이럴 때 금전 상태가 더 풍족해 지고 싶다면 두 가지 행동 중 어느 쪽이 더 '좋은 행동'이라고 할 수 있을까요? 당연히 '꽤 풍족한 금전 상태'가 될 수 있는 '힘든 일을 도와준다'라는 행동이 좋은 행동이라고 말할 수 있겠죠. 원하는 상태에 가까워지기 위한 행동, 즉 가치가 높은 행동이 곧 좋은 행동인 셈입니다.

그러나 여기에서 또 하나의 문제점이 발생합니다. 위의 예제는 단순한 두 가지 조건밖에 없기 때문에 당연히 '힘든 일을 도와준다'로 가게 되겠지만, 실생활에서는 연속적인 행동이 이루어지는 것이 다반사입니다. 따라서 연속되는 행동이 일어날 경우 첫 번째 행동에 대한 결과가 다소 좋지 않더라도 그 다음 행동의 결과가 좋다면, 그래서 최종적으로 가장 좋은 상태를 찾는 것이 일반적인 사고 방식일 것입니다.

이해하기 쉽게 간단한 예시를 들어 설명해 보도록 하겠습니다.

돕는 일의 강도에 따라 10~1,000원 사이에서 용돈을 받는다고 가정하고, 가진 용돈의 액수에 따라 변화하는 '금전 상태의 풍족함'에 대한 상관 관계를 나타내는 경로는 [그림 5]와 같이 결정된다고 가정해 봅시다.

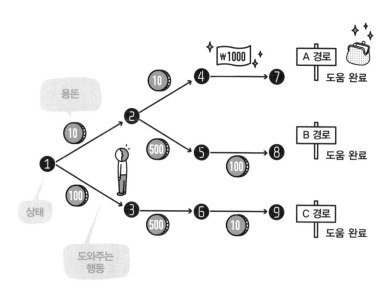

[그림 5] 돕는 일의 강도에 따라 받을 수 있는 용돈이 달라집니다.

이런 상황에서 한 가지 경로로만 갈 수 있다면 A, B, C 중에서 어떤 경로로 도와주면 더 금전적으로 풍족한 상태(가장 많은 용돈을 보유한 상태)가 될 수 있을까요?

그림을 보면 첫 번째 행동까지는 당연히 C 경로인 100원이 더 크게 되어 있습니다. 따라서 만약 지금 당장 돈이 필요하다면 바로 100원을 받을 수 있는 C 경로가 좋겠죠. 하지만 장기적으로 생각하면 누계 금액이 1020원이 되는 A 경로를 선택해야 가장 많은 용돈을 받을 수 있습니다. 강화 학습에서 중요한 점은 이 '누적 보수'라는 개념입니다. 즉, 눈앞에 있는 이익이 아니라 장기적으로 봤을 때 더 많은 보수를 받을 수 있는 경로에 도달할 수 있도록(최선이라고 생각되는 행동을 쉽게 취할 수 있도록) 학습해 나가는 것입니다.

이 예시는 아주 간단해서 이해하기 쉬울 수 있을 것입니다. 하지만 실제로 현실에 적용하려면 조금 더 복잡해지게 됩니다. 예상되는 '상태'도 많아지고, 상태에 따라서 취할 행동의 종류도 그에 맞추어 풍부해 집니다. 또한 하나의 상태에서 다음 상태로 연결되는 경로도 아주 길게 연결되어 있습니다.

또하나 알아야 할 것은 강화 학습에서는 단순한 누적 보수뿐만 아니라 나중에 받을 보수의 가치를 조금 깎는 '할인 누적 보수'라는 개념도 활용하고 있습니다. 앞의 예시를 기준으로 단순한 누적 보수를 계산하면 A 경로에서는 1020원, B 경로에서는 610원, C 경로에서는 610원이 되고 있습니다. 그러나 할인 누적 보수의 개념에서는 나중에 손에 넣을 보수의 가치를 낮춰서 평가합니다.

예를 들면 A 경로는 처음에 손에 넣을 10원은 액면 그대로의 가치를 받을 수 있지만, 다음에 손에 넣을 10원은 9원의 가치(원래 금액의 90% 가치), 마지막에 손에 넣을 1000원은 810원의 가치(원래 금액의 90% 가치에 대한 90%의 가치)만

받을 수 있습니다. 나중에 받을 보수를 원래 보수의 몇 퍼센트 가치로 생각할 지는 사전에 인간이 결정해 주어야 합니다.

그렇다면 할인 누적 보수의 개념으로 각 경로의 보수를 다시 계산해 봅시 다. A 경로의 할인 누적 보수는 829원, B 경로의 할인 누적 보수는 541원, C 경로의 할인 누적 보수는 558원이 됩니다. 따라서 단순한 누적 보수 방식에 서는 B 경로와 C 경로가 마지막에 같은 용돈을 받았지만, 할인 누적 보수 방 식에서는 'C 경로로 가야 더 높은 가치를 받을 수 있다'라고 판단할 수 있습 니다.

'상태 1에 있을 때 다음에 어떤 행동을 취하면 좋을지'에 대한 문제는 '다음 상태로 진행했을 때 할인 누적 보수를 얼마나 받을 수 있을지'에 대해 생각해 보면 해결할 수 있습니다. 강화 학습에 대해 앞으로 더 배우고 싶은 분들을 위해서 조금 더 정확하게 설명하자면, '특정 행동 확률(다음으로 어떤 행동을 얼마 의 확률로 취할 것인가)에 따를 경우 어떤 상태부터 시작해서 나중에 받을 할인 누적 보수의 기대치'가 됩니다.

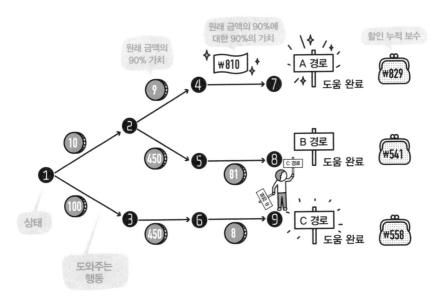

나중에 받을 보수의 가치를 조금 깎는 '할인 누적 보수'라는
개념으로 보수를 계산합니다.

여기서는 이해를 돕기 위해 도움(행동)을 주면 용돈(보수)을 받고, 그에 따라
금전 상황(상태)이 변한다는 '행동에 따라 보수가 결정되고, 보수에 따라 상태
가 결정된다'라는 예시를 들어서 설명했습니다.

그러나 실제로는 특정 행동에 따라 받는 보수가 고정되는 일은 드뭅니다.
그래서 일반적으로는 적절한 보수를 설정해야만 합니다. 장기 게임의 예를
들면 어느 상태에서 '말을 앞뒤로 한 칸씩 움직이거나 사선으로 움직이는 행
동'에 대한 보수를 정해야 하는데 이를 한꺼번에 결정하기가 힘듭니다.

장기처럼 최종적으로 승패가 갈리면서 지금까지 행동의 좋고 나쁨이 결정되는 경우에는 승패를 보수로 여긴 다음에(이기면 보수를 주고 지면 보수를 주지 않는 등) 거기서부터 역산하여 지금까지의 행동에 대한 보수를 결정하는 방법도 있습니다.

## 성능이 좋은 AI와 안 좋은 AI의 판별법

성능이 좋은 AI와 안 좋은 AI는 어떻게 하면 판별할 수 있을까요? 사실 이 질문에는 하나로 정리해서 답할 수 없습니다. 그 이유는 AI가 무엇을 목적으로 만들어졌느냐에 따라 '좋다'라는 기준이 달라지기 때문입니다. 이 책에서는 머신러닝을 활용하여 작동하는 AI에 대해서만 이야기할 예정이므로 이번 장에서는 머신러닝, 특히 지도형 머신러닝의 좋고 나쁨의 개념에 관해 설명하고자 합니다.

다양한 목적의 AI가 있다고 했을 때 어떤 목적이든 그 목적을 달성할 확률이 높은 AI일수록 좋은 AI라는 사실은 틀림없습니다. 예를 들면 '기온, 날씨, 기분'을 입력하면 그것에 맞는 적절한 물의 양을 알려주는 기능'이 탑재된 AI 전기밥솥이 있다고 했을 때 좋고 나쁨을 판단한다고 가정해 봅시다. AI 전기밥솥의 목적을 고려하면 사용자에게 기온 등의 정보를 제공(입력)받은 AI 전기밥솥이 알려준 물의 양으로 지은 밥을 먹은 사용자가 '맛있다'라고 느낄 확률이 높으면 높을수록 성능이 좋은 AI를 탑재했다고 할 수 있습니다.

하지만 문제점이 하나 있는데 이러한 성능을 판단하는 방법은 머신러닝의 정밀도와는 상관이 없다는 것입니다. 왜냐하면 사용자가 '맛있다'라고 느끼는 부분은 사용자의 취향에 따라 크게 좌우될 수 있기 때문입니다. 또한 배가 고픈 상태에서 먹으면 뭐든 맛있게 느껴질 수도 있습니다. 물론 상품을 홍보할 때 '99%의 사람이 맛있다고 응답했습니다!'라는 문구를 쓸 수 있겠지만, 머신러닝한 이후의 성능을 이처럼 수치로 나타내는 것은 사실 적절한 방법은 아닙니다.

AI 전기밥솥에 관해서 객관적 사실로 성능을 서술해야 할 때는 지도형 머신러닝의 평가 방법을 활용하는 편이 좋습니다. 이는 학습 훈련 데이터의 일부를 사용해서 성능을 측정하는 방법입니다. AI 전기밥솥에 탑재한 '기온, 날씨, 기분을 입력하면 적절한 물의 양을 알려주는 기능'을 개발하기 위해 머신러닝을 활용했다면 그 AI는 분명 지도형 머신러닝을 활용했을 것이며, 지도형 머신러닝을 활용했다면 학습 훈련 데이터를 대량으로 제공했을 것입니다. '기온, 날씨, 기분을 입력하면 적절한 물의 양을 알려주는 기능'을 만드는데 필요한 학습 훈련 데이터는 [표 13]과 같다고 가정합시다.

| 기온 | 날씨 | 기분 | 물의 양 |
|---|---|---|---|
| 23.0 | 맑음 | 보통 | 195mL |
| 22.5 | 흐림 | 행복 | 207mL |
| 24.2 | 흐리다가 때때로 맑음 | 보통 | 202mL |
| 21.8 | 호우 | 기분이 처져 있음 | 190mL |
| …… | …… | …… | …… |

[표 13] '기온, 날씨, 기분에 따라 적절한 물의 양을 알려주는 기능'을 만드는 데
필요한 학습 훈련 데이터입니다.

이 데이터를 보면 '기온은 23.0도, 날씨는 맑음, 기분은 보통일 때 물의 양
은 195㎖가 적절하다'라고 표시하고 있습니다. 물론 이것은 학습 훈련 데이
터이므로 이 데이터 자체는 사람이 만들어야 합니다. 학습 훈련 데이터를 만
들 때는 최종적으로 맛있는지 아닌지를 판정하는 기준으로 적절한 물의 양을
정해주면 됩니다.

물론 이 정도의 정보량이라면 모든 패턴을 읽어낼 수 있겠지만, 본래는 '일
주일간의 기온, 날씨, 기분으로 물의 양을 측정해야 한다'라는 더욱 복잡한
내용이 학습 훈련 데이터에 담겨 있을 때가 많습니다. 좀 더 간단히 설명하기
위해 당일의 기온과 날씨, 기분을 입력하여 물의 양을 출력할 수 있다고 가정
해 보겠습니다. 그리고 이때 쌀의 양은 1홉으로 고정하겠습니다. 이렇게 대
량으로 데이터를 준비한 것이 바로 학습 훈련 데이터입니다.

즉 기온과 날씨, 기분(데이터)을 입력하여 물의 양을 출력(추측)하는 AI를 만드는 것이죠. 이때 전기밥솥이 출력할 수 있는 물의 양은 190㎖~210㎖ 사이에 있는 190㎖, 191㎖, 192㎖, ……, 208㎖, 209㎖, 210㎖라는 21종류 중에서 선택할 수 있다고 전제를 걸어둡니다. 그러면 이는 기온과 날씨, 기분이라는 세 가지 조합을 통해 21종류 중 하나인 물의 양으로 분류해 주는 문제가 되는 것입니다.

학습 훈련 데이터는 개발자가 정답이라고 생각하는 정보를 모아둔 자료이므로 이러한 입출력을 얼마나 재현할 수 있는지가 곧 지도형 머신러닝의 성능이 됩니다. 그러나 컴퓨터에 제공한 학습 훈련 데이터만 재현할 수 있다면 아무런 의미가 없습니다. 이 책의 초반부에서 '알려준 것 이상의 일을 처리할 수 있어야 한다'라는 점이 중요하다고 언급했듯이 컴퓨터는 알려주지 않은 데이터에도 정답일 확률이 높은 대답을 출력할 수 있어야만 하기 때문입니다. 그래서 미리 학습 훈련 데이터에서 일부 데이터를 추출해둔 후, 일부러 컴퓨터에 그 데이터를 학습시키지 않고 학습을 모두 끝낸 컴퓨터가 그 데이터를 사용해서 얼마나 정답을 맞힐 수 있는지를 확인합니다. 이것이 바로 지도형 머신러닝의 성능 평가 방법입니다. 그 방법에 관해 자세히 설명해 보도록 하겠습니다.

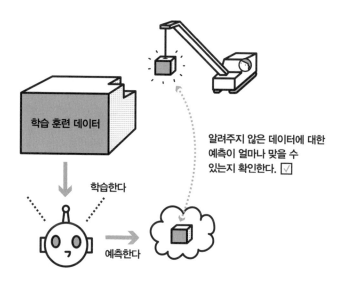

학습 훈련 데이터

학습한다

예측한다

알려주지 않은 데이터에 대한
예측이 얼마나 맞을 수
있는지 확인한다. ☑

학습 훈련 데이터에서 일부 데이터를 추출해둔 후, 학습을 모두 끝낸
컴퓨터에 미리 추출했던 데이터로 얼마나 정답을 맞힐 수 있는지를 확인합니다.

## 지도형 머신러닝의 성능 평가 방법

지도형 머신러닝에서는 컴퓨터가 학습할 때 '바탕'이 되는 내용을 사람이
설계한 후 컴퓨터에 제공했습니다. 이 바탕을 '모델'이라고 부르며, 컴퓨터는
학습 훈련 데이터로 학습한 내용을 모델에 반영해 나갑니다. 이 '모델'의 좋
고 나쁨이 곧 지도형 머신러닝 성능의 좋고 나쁨을 나타냅니다. 즉, 지도형
머신러닝을 활용한 AI의 성능은 이 모델의 성능으로 측정할 수 있다는 의미
입니다.

지도형 머신러닝에서 모델의 성능을 측정하는 이유는 크게 두 가지로 분류할 수 있습니다.

첫 번째는 모델을 선택하기 위함입니다. 지도형 머신러닝에서는 맨 처음에 사람이 모델의 바탕을 설계했습니다. 그 바탕의 형태는 다양하기 때문에 어떤 학습 훈련 데이터를 학습할 때 어떤 바탕이 적합한지는 학습하기 전 시점에서 알 수가 없습니다. 그렇기 때문에 같은 학습 훈련 데이터에 대해 다양한 바탕으로 먼저 머신러닝을 진행하고, 완성된 모델의 성능을 비교하여 해당 학습 훈련 데이터에 더 적합한 모델을 선택해 나갑니다.

두 번째는 모델을 평가하기 위함입니다. 여러 모델 중에서 최종적으로 하나의 모델을 선택한 후 그 모델이 미지의 데이터에 얼마나 범용성이 있는지(성능을 발휘하는지)를 측정합니다. 이를 통해 선택한 모델을 평가하는 것이죠. 이 모델의 평가가 곧 여기서 말하는 AI의 성능인 셈입니다.

이를 토대로 두 가지 모델을 작성하여 그 성능을 측정하고 더 좋은 모델을 선택할 경우를 한 번 생각해 봅시다.

어쨌든 모델의 성능을 측정하려면 학습 훈련 데이터에서 '독립된 데이터'에 대한 예측 결과를 확인해야만 합니다. 이미 학습이 끝난 데이터를 다시 사용하여 성능을 측정하지는 않습니다. '독립된 데이터', 즉 학습하지 않은 데이터를 사용하죠. 또한 성능을 측정하려면 입력뿐만 아니라 그 입력에 대해 적절한 정답도 부여해 줘야만 합니다. 모델의 예측이 얼마나 맞았는지 확인해야 하기 때문입니다. 모델의 성능을 측정하기 위한 데이터를 준비하는 방법으로 가장 간단한 방법은 미리 학습 훈련 데이터에서 성능을 측정하기 위한 데이터를 추출해 두는 방법입니다.

먼저 학습 훈련 데이터 중에서 모델의 성능을 측정하기 위한 '확인용 데이터'를 추출해 둡니다. 이러한 확인용 데이터는 학습에는 사용하지 않고 모델의 성능을 측정할 때만 사용합니다. 물론 학습용 데이터가 줄어들기는 하지만, 이 방법을 활용하려면 어쩔 수 없습니다.

이때 2종류의 바탕으로 확인용 데이터를 제외한 학습 훈련 데이터를 각각 학습하여 '모델 1'과 '모델 2'를 만들었다고 가정해 봅시다. 여기에서 성능을 측정하고자 하는 모델은 바로 '모델 1'과 '모델 2'입니다. 당연히 성능을 측정하려는 목적은 어떤 모델이 더 성능이 좋은지 알아내서 모델을 선택하기 위함입니다.

그러면 '모델 1'과 '모델 2'의 성능을 측정해서 비교해 봅시다. '모델 1'과 '모델 2'에 각각 확인용 데이터를 입력하고 출력 내용을 얻어냅니다. 이 출력은 어디까지나 모델이 예측하여 출력한 결과를 의미합니다. 이때 확인용 데이터는 원래 학습 훈련 데이터의 일부이므로 '입력'과 그에 대한 '정답'을 유지하고 있습니다. 따라서 이 정답과 아까 각 모델이 출력해낸 결과를 비교해 보면 모델의 출력이 정답인지 아닌지 알 수 있습니다. 이때 모델의 출력 결과가 어느 정도 맞혔는지는 그 모델의 정밀도로 판단할 수 있습니다.

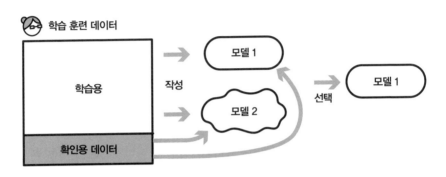

확인용 데이터로 각 모델의 정밀도를 산출하고 성능이 좋은 쪽을 선택합니다.

그 결과, 모델 1 쪽이 정밀도가 높으면 모델 1 쪽이 성능이 좋다고 판단하고, 최종적으로 이용할 모델로 모델 1을 선택합니다. 이렇게 하여 작성한 2개의 모델에서 가장 좋은 모델을 선택할 수 있게 됩니다. 그러면 이 모델은 얼마나 많은 분야에서 널리 사용할 수 있을까요?

이와 같이 선택한 모델의 범용성을 확인하려면 학습 훈련 데이터에 포함되어 있지 않으면서 모델을 선택할 때도 사용하지 않은 미지의 데이터가 필요합니다. 지금까지 설명해 드린 절차에서는 모델을 선택하기 위해 학습하지 않고 따로 추출해 두었던 확인용 데이터 이외의 데이터는 모두 학습에 활용했었습니다. 그러나 이렇게 하면 최종적으로 선택한 모델이 어느 정도의 성능인지 측정할 수 없습니다. 그래서 여러 모델을 작성, 선택하고 더 나아가

선택한 모델까지 평가할 때는 미리 학습 훈련 데이터에서 확인용 데이터뿐만
아니라 '시험용 데이터(미지의 데이터)'도 추출해 둬야만 합니다.

시험용 데이터는 학습할 학습 훈련 데이터에도 포함되어 있지 않아야 하
며, 모델을 선택할 때도 사용해서는 안 됩니다. 즉, 최종 모델의 성능을 확인
할 때만 활용해야 합니다. 이처럼 시험용 데이터도 미리 추출해 둔 후, 확인
용 데이터와 시험용 데이터를 제외한 학습 훈련 데이터에서 학습을 진행하
고, 앞서 언급했던 순서대로 모델 하나를 선택해 주면 마지막에 확인용 데이
터를 사용해서 선택한 모델에 시험용 데이터를 입력하여 예측한 결과와 본래
의 정답을 통해 정밀도를 산출하여 모델을 평가할 수 있습니다. 여기에서는
모델의 성능을 두 번 측정했는데 활용한 데이터만 다를 뿐 그 측정 방법 자체
는 똑같습니다. 단, 모델의 성능을 측정하는 이유는 다르다는 점에 주의해 주
시기 바랍니다.

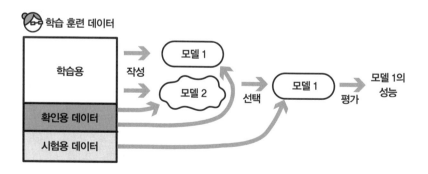

선택한 모델의 정밀도를 시험용 데이터로 산출하여 모델을 평가합니다.

앞선 예시에서는 2개의 모델을 만들어 그 성능을 측정하고 더 좋은 모델을 선택할 경우를 생각해 봤습니다. 그렇다면 모델을 1개만 작성하여 그 모델을 평가하고 싶을 때는 어떻게 해야 할까요? 이런 경우는 미리 시험용 데이터만 추출하여 앞선 방법과 똑같이 평가하면 됩니다. 즉, 확인용 데이터를 추출하지 않아도 됩니다.

지금까지의 설명을 보면서 또 다른 의문이 생길 수도 있습니다. '모델을 많이 만들어서 시험 삼아 머신러닝한 후 정밀도를 비교하여 가장 성능이 좋은 것을 선택하는 것은 알겠어! 그런데 비교할 때 정밀도를 산출했는데 왜 그 후에 한 번 더 평가를 위해서 성능을 측정하는 거지?'라는 의문이 생길 수도 있습니다. 그 점에 관해 조금 더 자세히 설명해 보도록 하겠습니다.

'모델을 많이 만들어서 시험 삼아 머신러닝한 후 정밀도를 비교'하는 일은 '모델을 선택'하기 위함이며, '어느 한 모델의 범용성을 측정'하는 일은 '모델을 평가'하기 위함이므로 목적이 다릅니다. 그리고 목적에 따라서 성능을 측정해야만 적절한 성능 확인이라고 할 수 있습니다.

아래에 각 사례의 성능 확인 필요 여부를 정리해 두었습니다.

'특정 데이터를 활용하여 여러 개의 모델을 만든 후, 가장 좋은 모델을 선택'해야 할 경우

상품화해야 할 때는 보통 이런 유형을 많이 활용합니다. 이럴 때는 모델을

선택한 후 평가하기 위해 미리 성능을 측정할 필요는 없습니다. 한 번만 성능을 측정하여 그 결과를 바탕으로 결과가 좋았던 모델을 선택하면 됩니다. 이러한 상황에서는 모델을 선택하는 것 자체가 목적이므로, 그 이후의 평가까지 진행할 필요가 없기 때문입니다.

'특정 데이터를 활용하여 여러 개의 모델을 만든 후, 가장 좋은 모델을 선택하여 그 모델의 성능을 파악'해야 할 경우

이럴 때는 매우 정밀한 성능 확인이 필요합니다. 이러한 유형은 보통 연구할 때는 필요하지만, 상품화할 때는 굳이 이 단계까지 확인하지 않는 경우가 많습니다. 이럴 때는 모델을 선택한 후 미리 성능을 측정하여 평가를 진행해야 합니다. 왜냐하면 선택할 때 측정했던 성능이 가장 좋은 모델을 의도적으로 선택한 것이므로 그 성능은 모델 자체의 성능(미지의 데이터에 대한 성능)이라고 볼 수 없기 때문입니다.

모델 선택 시 정밀도를 측정하기 위해 사용한 모델은 학습할 때 포함되어 있지 않지만, 여러 개의 모델에 똑같은 데이터로 정밀도를 계산하고 그중에서 가장 정밀도가 좋은 모델을 선택한 것이므로 그 정밀도 자체를 선택한 모델의 성능이라고 볼 수는 없습니다.

'특정 데이터를 활용하여 해당 설정으로 모델을 만든 후 그 모델의 성능을 파악'해야 할 경우

이러한 경우는 드물지만, 더 좋은 모델을 만들려면 이러한 작업도 필요할 수 있습니다. 이럴 때는 특정 데이터를 활용하여 특정한 설정으로 모델을 1개만 만듭니다. 모델을 선택할 필요가 없으므로 최종적으로 한 번만 모델 평가(를 위한 성능 측정)를 시행하면 됩니다.

이제 미리 학습 훈련 데이터에서 성능을 측정하기 위한 데이터를 추출한 후 모델을 선택하고 평가하는 방법에 관해서는 이해하셨으리라 생각됩니다. 하지만 이 방법은 학습 훈련 데이터의 수가 충분하지 않을 때는 사용할 수 없습니다. 성능을 측정하기 위한 데이터는 학습 훈련 데이터에 포함시킬 수 없으므로 확인용 데이터와 시험용 데이터를 추출해 버리면 학습에 사용할 학습 훈련 데이터가 부족할 수 있기 때문입니다.

학습 훈련 데이터의 수가 충분하지 않을 때도 활용할 수 있는 방법 중에 '교차 검증'이라는 방법이 있습니다. 교차 검증은 확인용 데이터와 시험용 데이터를 추출하지 않고 모델의 성능을 평가하는 방법입니다.

교차 검증을 시행할 때도 학습을 시작하기 전에 학습 훈련 데이터를 분할합니다. 실제로는 다섯 가지나 열 가지로 분할할 수 있지만, 편의상 네 가지로 분할하여 설명해 보도록 하겠습니다. 그리고 학습 훈련 데이터를 네 가지

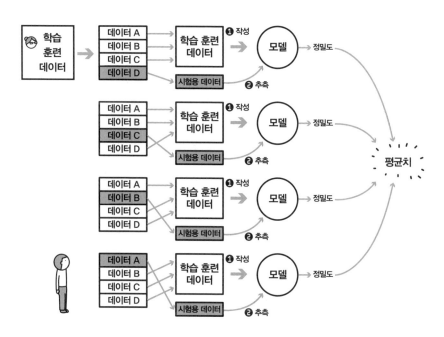

확인용 데이터와 시험용 데이터를 추출하지 않고
모델의 성능을 평가하는 '교차 검증'의 방법입니다.

로 분할한 묶음을 각각 '데이터 A', '데이터 B', '데이터 C', '데이터 D'로 부르
겠습니다.

교차 검증에서는 분할한 데이터 중 한 가지를 시험용 데이터로 간주하고
나머지는 학습 훈련 데이터로 간주하여 학습합니다. 이어서 미리 추출해둔
시험용 데이터로 완성된 모델의 성능을 측정합니다. 그리고 이 작업을 모두
조합하여 반복해 줍니다.

이해를 돕기 위해 좀 더 구체적으로 설명해 보도록 하겠습니다. 맨 처음 데
이터 A, B, C를 학습 훈련 데이터로 만들어 학습을 시행합니다. 이때 학습
훈련 데이터에는 데이터 D를 포함시키지 않아야 합니다. 데이터 A, B, C로
구축된 모델이 완성되면 완성된 모델에 학습하지 않고 추출해 두었던 데이터
D를 입력하여 출력 결과를 얻어냅니다. 이는 데이터 D를 입력했을 때 데이
터 A, B, C로 구축된 모델의 예측 결과를 나타냅니다. 그런 다음 예측 결과
와 데이터 D가 원래 갖고 있던 정답을 비교하여 모델의 성능을 평가합니다.
이 과정을 통해 학습 훈련 데이터로 데이터 A, B, C를 사용하여 학습하고 시
험용 데이터로 데이터 D를 사용한 모델의 정밀도를 알 수 있습니다. 예를 들
어 이 예시에서 입력한 내용에 대해 출력 결과의 80%가 정답이라고 가정해
봅시다.

그리고 데이터 A, B, D를 학습 훈련 데이터로 만들어 학습을 시행합니다.
이번에는 데이터 C를 학습 훈련 데이터에 포함시키지 않겠습니다. 그리고

앞선 방법과 마찬가지로 데이터 A, B, D로 구축한 모델을 활용한 후, 데이터 C로 추측하여 정밀도를 계산합니다.

이 과정을 모든 데이터 조합으로 시행해 줍니다. 즉, 처음에 분할한 개수가 많을수록 작업량이 늘어나는 셈입

| 학습 훈련 데이터 | 시험용 데이터 | 정밀도 |
|---|---|---|
| A, B, C | D | 80% |
| A, B, D | C | 70% |
| A, C, D | B | 80% |
| B, C, D | A | 90% |

[표 14]

니다. 이렇게 모든 조합으로 학습이 끝나면 네 가지로 분할된 모델의 정밀도가 산출됩니다. [표 14]

교차 검증에서는 산출한 모든 정밀도를 평균으로 낸 값을 전체 학습 훈련데이터(데이터 A+데이터 B+데이터 C+데이터 D)를 활용하여 학습한 모델의 정밀도로 간주합니다. 예를 들면 앞선 예시에서는 [표 14]처럼 정밀도가 4개로 산출되어 있으므로 최종 성능은 정밀도의 평균치인 80%가 되는 셈이죠. 즉, 최종적으로 사용할 모델은 A, B, C, D라는 모든 학습 훈련 데이터를 활용하여 학습한 모델이 됩니다. 교차 검증에서는 최종적으로 모든 학습 훈련 데이터를 활용한 모델을 만들었으므로 해당 모델의 정밀도를 유사하게 산출할 수 있습니다.

## 머신러닝의 용도

지금까지 '지도형 머신러닝'과 '비지도형 머신러닝', '강화 학습'이라는 세 종류의 머신러닝에 관해 설명해 드렸습니다. 그때마다 각 방법의 개요를 설명했는데 실제로는 '지도형 머신러닝', '비지도형 머신러닝', '강화 학습'을 다양한 방법으로 나눠서 사용할 수 있습니다. 현실적으로는 이러한 방법을 목적에 맞게 선택해서 사용할 수 있어야만 할 것입니다. 이렇게 말하면 판단 방법이 아주 어려우리라 생각할 수 있지만, 사실은 그렇게 어렵지 않습니다. 왜냐하면 내용만 대충 파악하면 머신러닝으로 할 수 있는 기능(해결할 수 있는 문제)은 아주 간단하기 때문입니다.

언제, 어떤 목적으로 '지도형 머신러닝', '비지도형 머신러닝', '강화 학습'을 사용하면 좋을지에 관한 내용을 [표 15]에 정리해 두었습니다. 각 방법은 그 밖의 다양한 용도로도 사용할 수 있지만, 이해를 돕기 위해 자주 활용되는 방법을 정리한 표 내용을 참고해 주기 바랍니다.

지도형 머신러닝의 특기는 '분류'입니다. 따라서 분류하고 싶은 작업을 수행해야 할 때는 지도형 머신러닝이 가장 적합합니다.

비지도형 머신러닝의 특기는 '분할'입니다. 어떻게 나눠야 할지 모르지만 어떻게 해서든 내용물을 몇 가지로 분할해야 할 때는 비지도형 머신러닝이 가장 적합합니다.

| 주요 분류 | 할 수 있는 기능 | 원하는 기능(구체적인 예시) |
|---|---|---|
| 지도형 머신러닝 | 단계별로 데이터를 나눌 (분류할) 수 있다. | 새롭게 입력된 정보가 좋은 정보인지 나쁜 정보인지 곧바로 판별할 수 있는 기계가 필요하다. |
| 비지도형 머신러닝 | 데이터를 여러 개로 분할 (그룹화)할 수 있다. | 접근할 수 있는 수많은 정보를 좋은 정보와 나쁜 정보로 나눌 수 있는 기계가 필요하다. |
| 강화 학습 | 어떤 상태에서 시행할 행동의 규칙을 정할 수 있다. | 손님에게 가능한 한 좋은 반응을 이끌어낼 수 있는 행동을 취하는 로봇을 개발하고 싶다. |

[표 15]

강화 학습의 특기는 '행동 패턴의 학습'입니다. 일정한 규칙 안에서 가장 적합한 행동을 취해야 할 때는 강화 학습이 가장 적합합니다.

'지도형 머신러닝', '비지도형 머신러닝', '강화 학습' 중 무엇을 사용해야 할지 판단할 수 있게 되었다면 구체적인 방법을 선택할 때 조금 더 전문적인 지식이 필요할 것입니다. 이럴 때는 가장 대표적인 방법을 가장 먼저 시도해 보시기 바랍니다.

CHAPTER
07

# 딥러닝이란 무엇인가?

딥러닝은 머신러닝의 한 방법입니다.

AI가 성행하면서 함께 언급되는 단어 중에 '딥러닝'이라는 말이 있습니다. 딥러닝은 머신러닝의 구체적인 방법 중 하나로 한국어로 번역하면 '심층 학습'이라고 할 수 있습니다. 최근에는 머신러닝이라고 하면 딥러닝을 떠올리는 사람도 있지만, 모든 머신러닝이 딥러닝에 해당하지는 않습니다. 머신러닝에는 아주 많은 방법이 있습니다. 단지, 딥러닝은 기존의 머신러닝보다 더 좋은 성능을 발휘하는 경우가 많아 장래에는 딥러닝이 주류로 자리를 잡을 것으로 예상됩니다.

**세 용어는 포괄 관계를 맺고 있다.**

머신러닝이 '지도형 머신러닝', '비지도형 머신러닝', '강화 학습'으로 분류된다는 점을 기억하고 있다면, 딥러닝은 이 중에서 어디에 해당할지에 관한 의문점이 생길 수 있습니다. 사실 딥러닝은 세 가지 머신러닝 방법에 모두 사용할 수 있습니다. 따라서 '딥러닝은 지도형 머신러닝을 위한 방법이다'라고 단언할 수가 없습니다. 이 책에서는 이용 빈도가 더 많은 지도형 머신러닝을 시행할 경우로 상정하여 해설해 나가고자 합니다.

지도형 머신러닝은 '미리 정답 데이터를 제공하고 거기에서 규칙과 패턴을 스스로 학습하는 방법'이라고 하였습니다. 이때 '딥러닝의 지도형 머신러닝'

이란 스스로 규칙과 패턴을 학습하기 위해 딥러닝을 활용하는 방법을 말합니다. 즉, 앞의 70쪽에서 지도형 머신러닝을 설명할 때 표 안에 ● 표시를 넣는 작업을 진행했었는데 그 작업이 딥러닝으로 대체된다'라고 생각하면 됩니다.

딥러닝을 활용하여 비약적으로 성능이 향상한 분야 중에는 '기계 번역'이 있습니다. 기계 번역이란 컴퓨터를 활용하여 특정 언어를 다른 언어로 스스로 번역할 수 있는 기술을 말합니다. 구체적으로 말하면 컴퓨터에 한국어 문장을 넣으면 자동으로 영어로 변환해 주는 기능을 말합니다. 사실 기계 번역은 딥러닝이 성행하기 이전부터 웹상에 존재했던 기능으로 누구나 쉽게 사용할 수 있었지만, 정밀도로 따졌을 때는 그다지 실용적이지 못했었습니다. 그러나 딥러닝이 등장한 이후 기계 번역의 성능은 비약적으로 향상되었습니다. 딥러닝은 번역 작업 같은 '일정한 규칙 속에서 정답을 하나의 뜻으로 정할 수 있는 문제'에 특화되어 있는 기술이라고 생각하면 됩니다.

---

딥러닝은 몇 단계로 검증을 시행합니다.

그렇다면 딥러닝은 주어진 데이터에서 대체 무엇을 어떻게 학습할 수 있을까요?

딥러닝 학습은 몇 종류 또는 몇 단계로 나눠서 다양한 검증을 시행하면서 복합적으로 최종 판단을 내릴 수 있는 행동을 취합니다. 예를 들면 사진에 찍힌 피사체가 사과인지 귤인지 판단하고자 할 때는 '우측 상단은 주황색 같다', '왼쪽 하단은 빨간색 같다', '위쪽은 녹색 같다'라는 등의 다양한 검증을 시행합니다. 때에 따라서는 여러 검증을 시행한 후 그 결과를 활용하여 또 다른 검증을 시행하기도 합니다. 예를 들면 '우측 상단은 주황색 같다', '왼쪽 하단은 빨간색 같다'라는 검증을 시행한 후에 '표면에 반점이 있다'라는 검증을 시행하려는 경우 먼저 앞선 2개의 검증을 시행부터 한 후 그 결과를 활용하여 '표면에 반점이 있다'라는 검증을 시행합니다. 물론 실제로는 이처럼 확실한 이유를 알 수 있는 검증을 시행하는 경우는 드물지만, 대략적인 딥러닝 학습의 과정은 이렇게 진행된다고 생각하면 됩니다.

이처럼 딥러닝은 다양한 검증을 거치면서 그 결과를 아울러서 종합적으로 판단을 내릴 수 있습니다. 그래서 최종적으로는 '사진에 찍힌 피사체가 사과일 확률은 90% 정도 된다'라는 결과물을 출력해 냅니다. 여기에서 중요한 점은 다양한 검증을 시행하고 종합적으로 판단을 내릴 수 있다는 점입니다. 그 이유는 이를 통해 아주 복잡한 판단을 내릴 수 있기 때문입니다.

## 딥러닝의 기원은 '퍼셉트론(Perceptron)'

그러면 '딥러닝은 구체적으로 무엇을 하는지'에 관해 설명해 드리겠습니다.

딥러닝이라고 하면 최근 몇 년 안에 등장한 최신 기술이라고 생각하는 분들이 많은데 사실 딥러닝의 기초가 되는 개념은 1950년대에 이미 발표되었습니다. 이 딥러닝의 기원이 되는 것이 바로 '퍼셉트론'입니다.

AI 연구의 핵심은 사람의 뇌에 다가가는 것이라고 볼 수 있습니다. 뉴런은 신경계를 이루는 기본 단위로 사람의 뇌는 약 1,000억 개 이상의 뉴런으로 구성되어 있습니다. 하나의 뉴런은 수십 개에서 수천 개의 다른 뉴런과 연결되어 각 뉴런으로부터 얻은 정보를 처리하여 나온 결과를 다른 세포로 전송합니다.

한 마디로 사람의 뇌는 거대한 생물학적 네트워크 상태로, 사람은 이러한 신경망을 통해 다양한 감정을 느끼면서 생각하게 됩니다. 바로 이러한 원리를 컴퓨터에 적용시켜 신경망을 구현하는 기술을 인공 신경망(Artificial neural network)이라고 부릅니다.

인공 신경망에서는 사람의 뇌에서 뉴런이 하는 역할을 퍼셉트론이라는 논리 게이트 형태로 설명을 합니다. 논리 게이트란 입력이 있고 출력이 있는 노

드로서, 여기서 입력(신호)은 여러 개가 될 수 있지만 출력값은 하나로 정해집니다. 즉, 퍼셉트론은 '여러 개의 입력을 받아 1개의 출력값을 도출'해 내는 아주 단순한 방식으로, 이를 수치로 입력하면 0과 1 중 하나의 출력값이 나옵니다. 쉽게 말해 여러 개로 입력된 수치를 합친 값을 출력 측으로 보낸 후, 그 합계 값을 활용하여 0과 1 중에서 어느 값을 출력할지 결정하는 구조로 이루어져 있습니다. 이때 주의해야 할 점은 입력된 값이 그대로 출력 측으로 보내지는 것이 아니라 도중에 '가중치'가 더해진다는 점입니다. [그림 1]을 참조해 주시기 바랍니다.

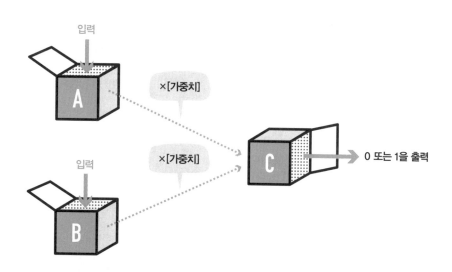

[그림 1] A, B의 입력값에 각각 '가중치'를 더한 후 합산하고
그 합계 값을 C로 판정하여 0 또는 1을 출력합니다.

A와 B는 입력 부분, C는 출력 부분에 해당합니다. 이 그림에서는 입력이 A와 B 이렇게 둘로 나누어져 있는데 실제로는 몇 개가 있어도 상관은 없습니다. A 또는 B로 입력된 값은 화살표를 따라 C에 전달됩니다. 이때 입력값이 그대로 전송되지 않고 '가중치'가 더해지면서 변화된 값이 전송됩니다. 여기에서 '가중치를 바탕으로 값이 변화한다'라는 점이 매우 중요합니다. 즉, A, B의 입력값에 각각 '가중치'를 더한 후 합산하고 그 합계 값을 C로 판정하여 0 또는 1을 출력하는 셈입니다.

여기서 말하는 가중치란 호스의 두께와 같다고 생각하면 됩니다. A에서 입력한 값은 호스의 두께(가중치의 크기)에 따라 값의 크기가 바뀌면서 C로 보내집니다. B도 마찬가지입니다. A와 B의 가중치에 영향을 받아 C로 보내진 입력값은 C에서 합산되어 그곳에서 1과 0 중에서 하나의 출력값이 결정됩니다. 방법은 C에 미리 설정해 두었던 값을 초과하면 1, 초과하지 않으면 0이 출력됩니다.

조금 더 구체적인 예를 들어보겠습니다. 입력 A와 B에서 특정 양의 물을 주입했다고 가정해 봅시다. 그리고 C의 조건은 '300㎖ 이상일 때는 1을 출력하고 300㎖ 미만일 때는 0을 출력한다'라고 설정해 둡니다. 이때 입력 A에는 150㎖, 입력 B에는 50㎖를 넣었다면 C에서는 0과 1 중에서 어떤 값이 출력될까요?

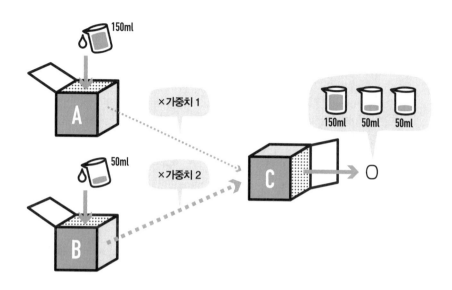

[그림 2] A의 가중치는 1, B의 가중치가 2일 때의 출력 결과는 0입니다.

당연히 A와 B의 가중치에 어떤 값을 넣었는지에 따라 0과 1 중에서 어느 값이 출력될지 달라집니다. 우선 A의 가중치가 1, B의 가중치가 2일 경우를 생각해 봅시다. [그림 2]

이때 A에 150㎖의 물을 넣었고 가중치가 1인 호스를 통과하면 입력과 똑같은 150㎖의 물이 C로 전달됩니다. 반면 B에는 50㎖의 물을 넣었지만, 가중치가 2인 호스를 통과하므로 50㎖라는 두 개의 물이 C로 전달됩니다. 결국 C는 A에서는 150㎖, B에서는 50㎖ 2개, 즉 100㎖의 물을 전달받은 셈이죠. 결과적으로 C에는 총 250㎖의 물을 전달받았습니다. 따라서 C에는 '300

㎖ 이상일 때는 1을 출력하고 300㎖ 미만일 때는 0을 출력한다'라는 조건이
설정되어 있으므로, 0이라는 값이 출력됩니다.

그러면 이번에는 A의 가중치가 2, B의 가중치가 1일 경우를 생각해 봅시
다. [그림 3]

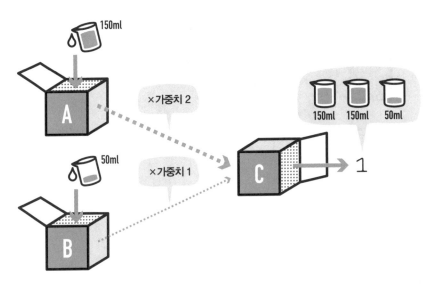

[그림 3] A의 가중치는 2, B의 가중치가 1일 때의 출력 결과는 1입니다.

이때에는 A에 150㎖의 물을 넣었지만, 가중치가 2인 호스를 통하므로 150
㎖라는 두 개의 물이 C로 전달됩니다. 반면에 B에는 50㎖의 물을 넣었고 가
중치가 1인 호스를 통과하면서 입력과 똑같은 50㎖의 물만이 C로 전달됩니
다. 결국 C는 A에서는 150㎖ 2개, 즉 300㎖의 물을 전달받고, B에서는 50

㎖의 물을 전달받았습니다. 결과적으로 C에는 총 350㎖의 물을 전달되었으므로 1이라는 값이 출력됩니다.

이를 통해 우리는 입력값이 같더라도 가중치가 달라지면 C에서 출력되는 값이 달라진다는 점을 알 수 있습니다. 여기에서 가중치란 '그 가중치에 관련된 입력이 얼마나 중요한지'를 나타내주는 지표라고 생각하면 됩니다. [그림 2]에서는 입력 B를 중요하게 생각했고, [그림 3]에서는 입력 A를 중요하게 생각했습니다. 결국, 이 호스의 두께(가중치) 값이 딥러닝의 학습을 나타내줍니다.

지도형 머신러닝의 경우, 학습 훈련 데이터에는 A에 입력된 물의 양과 B에 입력된 물의 양, 그리고 그때의 출력값으로 C에 0 또는 1이 기재되어 있습니다. 그러면서 기재된 수량이 A와 B에 입력되었을 경우, 0 또는 1이 올바르게 출력될 수 있도록 호스의 두께(가중치)를 조정(학습)해 나갑니다.

퍼셉트론은 아주 간단한 구조라서 '이런 거로 뭘 할 수 있겠냐'라고 생각할 수도 있지만, 이 개념이 곧 딥러닝의 기초가 되므로 꼭 확실히 이해해 두시기 바랍니다.

## 조건을 변경하는 요소 '바이어스'

하지만 '여러 퍼셉트론이 연결된 것이 바로 딥러닝이다'라고 단정짓기에는 아직 설명이 많이 부족합니다. 그래서 딥러닝에 관한 더 깊은 이해를 돕기 위해 '바이어스'라는 개념을 설명해 드리고자 합니다.

앞선 예시에서는 출력값을 판정하는 C의 조건에 '300㎖ 이상일 때는 1을 출력하고, 300㎖ 미만일 때는 0을 출력한다'라고 설정했었습니다. 그에 따라 A의 가중치가 1이고 B의 가중치가 2일 때 A에 150㎖, B에 50㎖의 물을 넣었을 경우, 합계는 250㎖가 되었고 최종적으로 0이라는 값이 출력되었습니다.

앞 부분에서 딥러닝에서는 이 가중치 부분을 학습한다고 설명했었습니다. 그렇다면 'C의 조건은 고정된 것인가(학습하지 않는 것일까)?'라는 의문이 생길 수도 있습니다.

C의 조건 중 'C에는 0 또는 1을 출력한다'라는 부분은 고정되어 있지만, '언제 1을 출력하고 언제 0을 출력할지'는 학습을 통해 조정할 수 있습니다. 앞선 예시를 들어 말하자면 판정 기준이 되는 '300㎖'라는 값이 조정되는 셈이죠. 이 '300㎖'에 해당하는 부분을 표현한 것이 바로 '바이어스'입니다. 123쪽 [그림 1]에 '바이어스'를 추가해 봅시다. [그림 4]

[그림 4] 속에 ❶ 이라고 쓰여 있는 부분이 바이어스를 나타냅니다. 바이어스란 측정값 또는 추정량의 분포 중심(평균값)과 참값과의 편차를 나타내는 것으로, 앞선 물의 예시를 들어 말하자면 C의 수량을 조정하는 요소라고 생각하면 됩니다.

바이어스를 도입할 경우 C의 조건은 '합계치가 0 이상일 때는 1, 0 미만일 때는 0을 출력한다'라고 정합니다. 이는 학습에 따라 변화하지 않고 고정되어 있습니다.

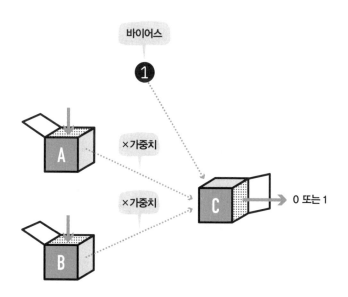

[그림 4] 그림 1에 바이어스의 이미지를 추가합니다.

조금 더 구체적인 예를 들어보겠습니다. [그림 5]에서 보듯이 바이어스에 설정된 값이 '−300㎖', 즉 '300㎖의 물을 버린다'라고 가정해 봅시다. 이때 A에 넣은 물 150㎖와 B에 넣은 물 50㎖는 각각 가중치(1, 2)에 따라 변화하고 C에 전달되어 총 250㎖가 되지만, 그때 바이어스 때문에 300㎖의 물이 버려집니다. 결국 −55㎖가 되어 0 미만이므로 C에서는 0이라는 값이 출력됩니다. [그림 5]

이미 눈치채신 분도 있겠지만, 사실 '바이어스에 −300㎖를 설정하고 C에서 0일 때는 1, 0 미만일 때는 0을 출력한다'라는 설정은 맨 처음에 C에 설정했던 조건 '300㎖ 이상일 때는 1을 출력하고 300㎖ 미만일 때는 0을 출력한다'라는 설정과 똑같은 결과를 출력해 냈습니다.

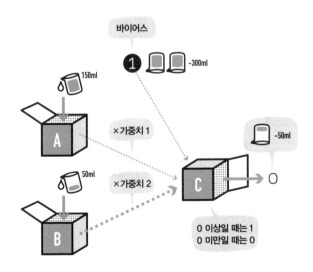

[그림 5] 바이어스로 물을 버린 결과, 합계치는 0 미만이 되므로 0이 출력됩니다.

비록 결과는 똑같지만, 나중을 생각했을 때 바이어스를 사용해 두는 편이 효율적이므로 일반적으로는 이렇게 표현합니다. 그리고 이 바이어스의 값도 가중치와 마찬가지로 학습에 따라 조정됩니다.

## 퍼셉트론의 층을 늘려보자.

퍼셉트론의 굉장한 점은 이 A, B, 바이어스로 이루어진 작은 덩어리를 몇 겹으로든 쌓을 수 있다는 점에 있습니다. 그럼 바로 퍼셉트론을 2층으로 만들어 보겠습니다. 2층으로 만든 퍼셉트론은 망 형태로 연결되어 있어서 '네트워크'라고 부릅니다. 또한 [그림 6]과 같은 모습을 2층 네트워크라고 부릅니다.

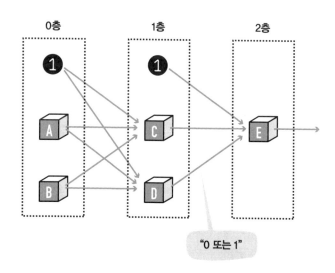

[그림 6] 2층 네트워크. 사람에 따라서는 0층에 해당하는 부분을 1층으로 하여 3층으로 이루어져 있다고 표현하기도 합니다.

네트워크가 몇 층으로 이루어져 있는지는 옆으로 연결된 개수를 보고 판단합니다. 각 층의 가장 위쪽에 ❶로 표현된 부분은 바이어스를 나타냅니다. 이 예시에서는 A~D가 각 층 안에 세로로 2개씩 나열되어 있지만, 2개로 한정되어 있지는 않습니다.

바이어스에서 나온 화살표와 바이어스의 값 A~D에서 나온 화살표에는 각각 다른 가중치가 설정되어 있습니다. 0층에 A, B가 입력되고, 입력된 값과 바이어스 이외의 요소(C, D, E)에서는 각각 설정된 조건에 따라 1 또는 0이 출력됩니다.

겉보기에는 약간 복잡해 보이지만, 0층의 ❶(바이어스), A, B와 1층의 C에만 집중해서 보면 앞선 [그림 4]와 똑같다는 사실을 알 수 있습니다. 퍼셉트론이 2층으로만 이루어져 있을 뿐 각각의 움직임은 똑같은 셈이죠.

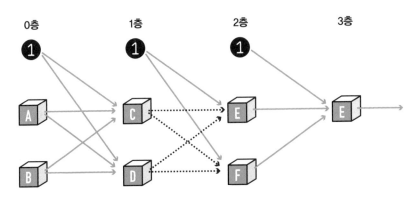

[그림 7] 3층을 추가했습니다. 덕분에 그림이 상당히 복잡해 졌습니다.

물론 층을 더 늘릴 수도 있습니다. [그림 7]

위 그림에서 의문점을 가지는 분도 있을 것입니다. '퍼셉트론은 여러 입력을 받아들여 하나의 값을 출력'하는 것으로 알고 있는데 C와 D에서 화살표가 2개씩 나와 있는 점을 보고 이상하다고 생각할 수 있을 것입니다(이해를 돕기 위해 해당 화살표는 점선으로 나타냈습니다). 이는 C(또는 D)에서 여러 종류의 출력값이 나온 것이 아니라, C(또는 D)의 출력값을 E와 F 양쪽으로 전달하는 모습을 나타낸 것입니다.

이제 슬슬 딥러닝다운 외형이 만들어지기 시작했습니다. 하지만 이 상태로도 아직 딥러닝이라고 부를 수 없습니다. 딥러닝의 정체를 밝히려면 아직 확인해야 할 부분이 있습니다.

머신러닝에 관한 설명을 다시 한번 떠올려 보십시오. 머신러닝(지도형 머신러닝)에서는 학습 훈련 데이터의 정답과 그 시점의 모델이 출력하는 값을 보고 파라미터를 미세하게 조정해야 한다고 설명했죠? 머신러닝의 일종인 딥러닝에서 파라미터에 상응하는 부분이 바로 가중치와 바이어스입니다.

네트워크는 학습 훈련 데이터를 활용하여 가중치와 바이어스의 값을 조정하면서 학습 훈련 데이터에 숨겨진 패턴과 규칙을 학습해 나갑니다. 그렇다면 퍼셉트론을 활용한 네트워크에서 과연 미세한 조정이 가능할까요?

C와 D는 1 또는 0만 출력할 수 있으므로 가중치와 바이어스를 조금만 바꿔줘도 1이 0이 되거나 0이 1이 되어 버리는 문제가 발생합니다. 즉, 출력할 수 있는 선택지가 오로지 2개밖에 없으므로 '이쪽의 가중치를 조금만 늘려보자'라거나 '저쪽보다 이쪽의 가중치를 조금만 줄이고 싶다'라는 식으로는 미세한 조정이 불가능하게 됩니다. 그렇다면 어떻게 하면 될까요?

---

### '활성화 함수'로 미세하게 조정해 보자.

'미세 조정' 기법은 머신러닝에서 매우 중요한 부분이므로 미세 조정이 불가능할 경우 매우 큰 문제로 작용할 수 있습니다.

그래서 출력값으로 0 또는 1만 결정하는 것이 아닌 0~1 사이의 모든 값이 나올 수 있도록 설정합니다. A, B와 바이어스의 값이 합산되어 C로 들어갈 때까지는 그대로 두고 C에서 '입력된 값이 0 이상일 때는 1, 0 미만일 때는 0을 출력한다'라는 부분을 변경해 보기로 합시다. C로 보내진 값을 변화시킬 필터를 설정한다고 생각하면 됩니다.

이 C의 값을 변화시킬 필터를 '활성화 함수'라고 부릅니다. 용어가 조금 어렵게 들리지만, 쉽게 말해 입력된 숫자를 다른 숫자로 변화시켜주는 기능을 한다고 생각하면 됩니다. 맨 처음에 C에 대해 설정했었던 '0 이상일 때는 1, 0 미만일 때는 0을 출력한다'라는 조건도 C의 값을 변화시킨다는 의미에서는 필터의 일종인 셈이죠. 즉 '0 이상일 때는 1, 0 미만일 때는 0을 출력한다'라는 활성화 함수가 설정되어 있다는 뜻입니다.

그러면 '0 이상일 때는 1, 0 미만일 때는 0을 출력한다'라는 활성화 함수를 '입력값에 따라서 0에서 1 사이의 모든 수치를 출력한다'라는 활성화 함수로 바꿔보겠습니다. 지금까지는 무엇을 입력하더라도 0 또는 1만 출력되었지만, 이번에는 '0.001, 0.002, 0.003……'라는 식의 값도 출력될 가능성이 생겼습니다. 이를 통해 출력할 수 있는 종류가 무수하게 늘어났다는 사실을 알 수 있을 것입니다. 활성화 함수에는 다양한 종류가 있으므로 문제에 맞게 적절한 내용을 미리 설정해 두면 됩니다.

이로써 네트워크의 구조와 동작은 같지만, 출력될 값은 0 또는 1이 아니라 0~1 사이의 모든 값이 출력할 수 있게 되었습니다. 이러한 네트워크를 '뉴럴 네트워크(신경망)'라고 부릅니다. 뉴럴 네트워크에서는 0층을 '입력층', 마지막 층을 '출력층', 입력층과 출력층 사이에 있는 그 외의 층을 '은닉층'이라고 부릅니다.

여기에서 딥러닝에 대한 정의를 내릴 수 있습니다. 즉, 딥러닝이란 이 뉴럴 네트워크가 '딥'하게(깊게) 이루어져 있는 모습을 나타냅니다. 그렇다면 과연 몇 층으로 이루어져 있어야 딥러닝이라고 부를 수 있을까요? 일반적으로는 은닉층이 2층 이상 있는 네트워크를 이용한 학습을 딥러닝이라고 부를 때가 많습니다.

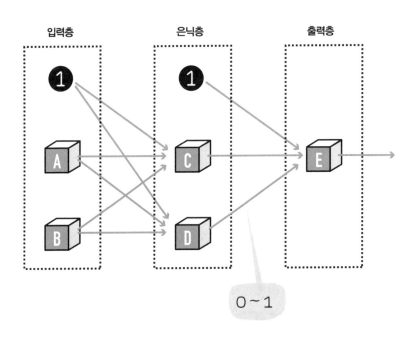

0층을 '입력층', 마지막 층을 '출력층',
입력층과 출력층 사이에 있는 그 외의 층을 '은닉층'이라고 부릅니다.

1950년대라는 매우 이른 시기에 원리가 완성되었음에도 딥러닝이 바로 성행하지 못했던 이유는 크게 두 가지가 있습니다. 하나는 층을 깊게 만들었을 때 가중치를 제대로 계산(조정)할 수 없었기 때문입니다. 또 하나는 층이 깊어질수록 계산량이 늘어나 당시의 컴퓨터로는 계산이 거의 불가능했었기 때문이고요.

조금 다른 관점에서 이야기해 보자면 딥러닝을 활용하여 정밀도가 높은 학습을 하려면 방대한 데이터가 필요한데 당시에는 그럴 만한 대규모 데이터도 없었습니다. 기술의 진보로 이러한 문제가 해결되면서 현재 딥러닝이 열풍을 일으킬 수 있었던 것입니다.

---

## 출력층은 하나만 존재하지 않습니다.

이제 본격적으로 딥러닝을 학습할 분들을 위해 2가지 보충 설명을 해 드리고자 합니다.

우선 이 책에서는 출력층에 항상 한 가지 값이 나오는 것처럼 설명했는데 실제로는 출력층에 다양한 값이 나와도 상관이 없습니다. 딥러닝에서는 풀어야 할 문제에 맞게 네트워크의 구조를 설정했는데 그때 출력층에서 출력할 값의 개수도 결정하면 됩니다.

예를 들면 손글씨를 인식하고 싶을 경우, 입력된 손글씨가 '1'인지 아닌지를 판단해야 할 때는 출력층의 값을 1개로 설정해도 됩니다. 이런 경우 최종적으로 출력층에서 출력될 값은 '입력된 손글씨가 1일 확률'이 됩니다.

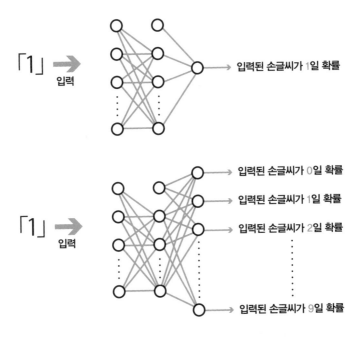

풀어야 할 문제(입력될 손글씨가 0~9 중 어느 것인지 판단해야 할 때)에
맞춰서 출력층에 출력할 값의 개수(10)도 정해둡니다.

그러나 입력될 손글씨가 0~9 중 어느 것인지 판단하고 싶을 때는 출력층에 출력될 값을 10개가 되도록 설정해 둡니다. 출력층에서 출력될 값은 '입력된 손글씨가 0일 확률', '입력된 손글씨가 1일 확률'. '입력된 손글씨가 2일 확률' 이라는 식으로 점점 이어지다가 '입력된 손글씨가 9일 확률'까지 출력됩니다.

또 뉴럴 네트워크에서는 가중치와 바이어스가 각각 다른 값을 가지고 있었 지만, 은닉층의 활성화 함수는 일반적으로 같은 값을 사용합니다. 출력층에 설정할 활성화 함수만 다른 층과 다른 값을 활용할 때가 많습니다.

## 딥러닝의 장점

딥러닝의 장점 중 하나는 문제를 풀어내는 정밀도가 높다는 점입니다. 물 론 모든 문제에 대응할 수 있는 없지만, 문제에 따라서는 기존의 머신러닝 정 밀도를 크게 웃도는 결과를 도출하고 있습니다.

또 다른 장점은 사람이 아무런 힌트를 주지 않아도 높은 정밀도로 결과를 도출할 수 있다는 점입니다. 사실 기존의 머신러닝에서는 '앞으로 제공할 데이터의 어느 부분에 주목해서 학습해야 하는지'에 관한 정보를 사람이 미 리 컴퓨터에 알려줘야 했습니다. 이처럼 사람이 컴퓨터에 제공하는 정보는 데이터의 특징을 알려준다는 뜻을 내포하고 있어 '특징량(特徵量)'이라고 불립니다.

예를 들면 스팸 메일인지 스팸 메일이 아닌지 판정하는 기계를 머신러닝으로 만들 경우, 데이터(스팸 메일과 그렇지 않은 메일이 모두 담긴 데이터)를 제공함과 동시에 그 데이터에서 특히 중요하다고 생각되는 특징량도 제공해 주는 것입니다. 예를 들면 다음과 같은 정보를 제공할 수 있습니다.

- 제목에 특히 주목할 것
- 각 말의 표현뿐만 아니라 품사(※)에도 주의할 것
- 품사 중에서 조사는 무시할 것
- ※ 품사란 단어를 기능에 따라 나눈 갈래를 말한다. 구체적으로는 명사, 동사, 형용사 등이 있다.

여기에서는 사람의 경험칙에 따라 특징량을 제공했습니다. '이 데이터를 활용해서 이런 모델을 만들고 싶으니까 분명 여기에 주목하면 좋을 것이다'라는 사람의 예측이 제공된 셈이죠. 그 때문에 문제가 제대로 처리되지 않을 때도 많습니다. 그럴 때는 '필요 없을 것으로 추정'되는 특징량을 제외한 후 다시 학습하거나 다른 특징량을 추가해서 다시 학습해야 합니다. 즉, 처음에 제공된 특징을 바탕으로 학습한 결과가 좋지 않았을 때는 '제목에 주목해야 한다'라는 부분이 잘못되었으리라 판단하여 제목에 주목해야 한다는 특징량을 제외하고 다시 학습해 나갑니다. 만약 그렇게 해서 정밀도가 향상한다면 '제목에 주목해야 한다'라는 부분이 오히려 정밀도를 낮춘다는 사실을 알게되어 필요 없는 특징량이었다는 점을 깨달을 수 있습니다. 이와 같이 사용하는 모든 특징량에 이러한 작업을 진행하는 등의 많은 시행착오가 필요합니다.

하지만 딥러닝으로 위와 같은 스팸 메일 판정 머신을 만들 때는 이러한 특징량을 제공할 필요가 없습니다. 기존의 머신러닝과 마찬가지로 바탕(모델)은 정해야 하지만, 어느 특징을 바탕으로 학습할지는 사람이 제공하지 않아도 됩니다. 모델만 정해두면 그 이후 작업은 컴퓨터에 모두 맡길 수 있는 셈이죠. 즉, 딥러닝은 어느 특징을 바탕으로 학습하면 좋을지까지 학습해 주는 방법이라 할 수 있습니다. 이처럼 딥러닝은 경험칙이 필요 없는데도 정밀도가 높은 결과를 끄집어내는 바람에 연구자들에게 매우 큰 충격을 주었습니다.

어떻게 생각하면 딥러닝이라고 하면 아주 어렵고 특수한 기능이 있어야만 사용할 수 있는 기술이라고 생각할 수도 있을 것입니다. 그러나 실제로는 딥러닝보다 머신러닝에 전문가 기술이 더 필요합니다.

● 딥러닝

Step1

딥러닝에서는 주목할 점(특징량)을 제공하지 않아도 됩니다.

'미리 특징을 제공할 필요가 없다'라는 점이 장점으로만 작용하지는 않습니다.

'사람이 특징을 제공하지 않았다'라는 의미는 곧 딥러닝이 도대체 어떤 특징을 잡아서 학습하고 높은 정밀도의 예측 모델을 만들어냈는지 알 수 없기 때문입니다. 즉, 딥러닝을 통해 데이터에서 추출한 규칙은 블랙박스(입력 내용에 맞추어 출력이 일어나기는 하지만 내부 구조는 알 수 없는 시스템 – 역주)나 다름없습니다.

기존의 머신러닝이라면 인간이 미리 특징량을 제공해 주므로 어느 특징량 덕분에 더 좋은 모델이 작성되었는지를 훤히 알 수 있습니다. 그러나 딥러닝으로 학습하면 어떻게 그러한 결과에 도달했는지 알 수가 없습니다.

작은 네트워크인 경우는 확인하면 금방 알 수 있겠지만, 보통 딥러닝을 이용하는 네트워크는 아주 복잡하고 규모가 큰 형태가 많으므로 이미 사람이 이해할 수 있는 범주를 벗어나 있습니다. 그래서 딥러닝으로 학습하면 종종 다음과 같은 의문점이 생기고는 합니다.

- 인간이 데이터를 살펴봐도 판정하기 어려운데 어떻게 적절하게 추측할 수 있는 모델이 만들어졌지? 이유를 모르겠다.
- 결과가 좋지 않길래 우선 은닉층을 하나 더 늘려봤더니 어째서인지 정밀도가 높아졌다. 이유를 모르겠다.

최근에는 이 블랙박스 상태를 파헤쳐보려는 연구도 진행 중이므로 언젠가 사람이 블랙박스 내용을 이해할 수 있는 날이 올지도 모를 것입니다.

결론적으로 딥러닝을 통한 학습은 기존의 머신러닝보다 더 제어하기 힘들기는 하지만, 경험칙을 바탕으로 작업해야 하는 부분이 적기 때문에 머신러닝을 사용했던 적이 없는 사람이더라도 쉽게 활용할 수 있는 방법이라 할 수 있습니다.

## 딥러닝의 단점

딥러닝은 기존의 머신러닝보다 초보자에게 더 적합하다는 말씀을 드렸는데 사실 단점도 있습니다. 바로 기존의 머신러닝보다 학습하기 위한 데이터가 많이 필요하다는 점이죠. 머신러닝이라는 기술 자체에 많은 데이터가 필요하다고 이미 말씀드렸지만, 특히 딥러닝은 더 대규모의 데이터가 필요합니다. 물론 소량의 데이터라도 학습 자체는 할 수 있지만 성능이 그다지 좋아지지는 않게 됩니다. 데이터를 늘리면 늘릴수록 성능이 좋아지겠지만, 최소한으로 필요한 데이터양도 매우 방대한 셈이죠. 다만 구체적으로 최소 얼마나 돼야 하는지는 정확히 답변해 드릴 수 없습니다. 수만 개가 필요할 때도 있고 수천만 개 이상이 필요할 때도 있기 때문입니다. 따라서 풀고자 하는 문제와 필요한 성능에 맞게 데이터를 수집할 필요가 있게 됩니다.

현실에 안고 있는 문제를 풀기 위해 딥러닝을 사용할 때는 데이터를 어떻게 수집할지에 관한 연구가 필요할 때도 많습니다. 이미 많은 양의 데이터를 갖고 있다면 그 데이터는 아주 큰 자산이 될 것입니다. 이럴 때는 고민할 필요 없이 딥러닝으로 학습하면 됩니다. 하지만 실생활에서 대부분은 데이터가 부족한 경우가 많습니다. 그러한 상황에서 필요한 데이터를 잘 수집할 수 있다면 향후 AI(특히, 딥러닝을 포함하는 AI)를 활용하는 데 매우 중요한 기술로 사용할 수 있을 것입니다.

딥러닝의 단점은 대량의 데이터가 필요하다는 점이라고 설명해 드렸는데 그렇다면 대량의 데이터가 있다고 하면 거의 모든 문제를 해결할 수 있을까요? 사실 딥러닝도 잘 풀지 못하는 문제가 있습니다. 바로 규칙성이 없고 거의 무한에 가까운 답이 존재하는 문제들 말입니다. 예를 들면 사람간의 '자유로운 대화'가 이에 속합니다. 자유로운 대화란 평소 우리가 아무렇지 않게 나누는 대화를 말합니다. 사람들이 아무렇지 않게 수행할 수 있는 이러한 행동을 컴퓨터와 인간 사이에서 가능할지 한번 생각해 봅시다. 컴퓨터가 인간에게 '고마워'라고 말하면 '천만에요'라고 대답할 때도 있겠지만, 오히려 현실에서는 그렇게 뻔한 대화를 나누는 경우는 드뭅니다. 사람 100명에게 '요즘 생활은 어때?'라고 말을 걸었을 때 어떻게 대답하겠냐고 물으면 100명 모두 조금씩 다른 대답을 할 것입니다. 이러한 문제는 딥러닝으로만 해결하기 어렵습니다.

물론 자유로운 대화에서 딥러닝을 사용하는 사례도 있지만, '딥러닝으로 모든 문제를 해결할 수는 없다'라는 사실을 꼭 염두에 두어야 합니다.

딥러닝일지라도 문제에 따라 적합할 수도 있고 부적합할 수도 있습니다. 딥러닝뿐만 아니라 머신러닝을 활용할 때도 우선 풀어야 할 과제의 본질을 파악하고 '어떤 방법의 머신러닝을 어떻게 활용할지'를 파악하는 것이 중요합니다.

CHAPTER
ᐯ
**08**

# 'AI가 학습한다는 것'은
# 무엇을 의미하는가?

'파라미터를 가진 함수'의 파라미터 부분을 조정합니다.

지금까지 머신러닝이 어떻게 데이터에서 규칙과 패턴을 학습하는지 설명해 드렸습니다. 하지만 개요와 간단한 이미지만 설명했기 때문에 실제로 '무엇'을 학습하는지 의문이 들 수 있을 것입니다. 머신러닝에서 실제로 '학습'하는 부분은 바로 '파라미터를 갖춘 함수'의 파라미터 부분을 조정하는 작업입니다. 이때 학습 데이터가 파라미터를 어떻게 조정할지를 결정합니다. 지도형 머신러닝으로 예를 들면 학습 훈련 데이터가 이에 해당하죠.

여기에서 말하는 함수란 어떤 숫자가 입력되었을 때 특정 처리를 통해서

또 다른 숫자를 출력해내는 과정을 의미합니다. 예를 들면 입력된 숫자에 1
을 더하는 함수라면 1을 입력했을 때 2를 출력하고, 2를 입력했을 때 3을 출
력합니다.

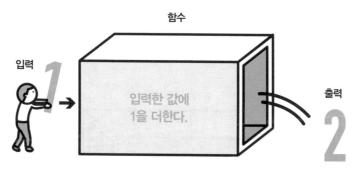

**함수에 숫자가 입력되면 특정 처리를 통해서 다른 숫자가 출력됩니다.**

　여기에서 파라미터를 가진 함수란 처리 과정의 일부가 정해지지 않은 상태
를 말합니다. 조금 전에 예를 들었던 함수에서는 '입력된 숫자에 1을 더한다'
를 처리했지만, 이를 '입력된 숫자에 무언가를 더한다'라고 바꿔봅시다. 무엇
을 더할지는 불분명하지만, 그 무언가에 숫자가 들어간다고 가정해 봅시다.
이 '무언가'가 파라미터에 해당하며, 그 '무언가'를 가진 함수가 '파라미터를
가진 함수'가 됩니다. 이 파라미터는 학습 데이터를 바탕으로 학습합니다.

　만약 눈앞에 '입력된 숫자에 무언가를 더한다'라는 함수를 적용한 컴퓨터가
있고, 그 컴퓨터를 사용하여 '1을 입력하면 3을 출력하고, 2를 입력하면 4를
출력하라'라고 설정하면 이때 입력된 숫자에 더한 '무언가'는 2가 됩니다. 이

'1을 입력하면 3을 출력한다'와, '2를 입력하면 4를 출력한다'라는 문장은 곧 파라미터의 조정 방침을 결정짓는 과정이자 학습 데이터에 해당합니다. 머신러닝에서는 파라미터를 가진 함수에 대해 주어진 학습 데이터가 가진 입력값과 출력값이라는 하나의 세트를 바탕으로 '무언가(파라미터)'에 일치하는 값을 찾아냅니다.

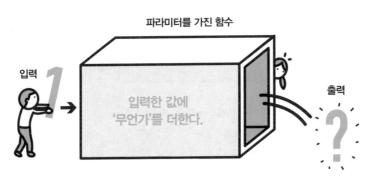

파라미터를 가진 함수에 숫자가 입력되면
파라미터(무언가)를 통해서 다른 숫자가 출력됩니다.

## '모델'이 가리키는 의미

일반적으로 '모델'이라는 말은 이 파라미터를 가진 함수를 말합니다. 머신러닝을 시행할 때는 맨 처음 인간이 임의의 파라미터를 가진 함수를 컴퓨터에 제공합니다. 더불어 지도형 머신러닝에서는 입력과 정답의 출력이 하나의 세트로 이루어진 학습 훈련 데이터도 제공합니다. 컴퓨터는 이 숫자 데이

터를 바탕으로 가능한 한 입력과 출력의 세트가 제대로 잘 작동할 수 있도록
주어진 함수의 파라미터를 조정(학습)해 나갑니다.

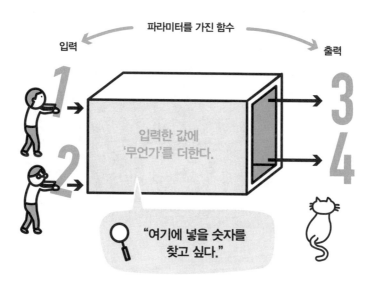

입력과 출력이 하나의 세트로 이루어진 학습 훈련 데이터를 제공하고,
그대로 잘 작동할 수 있도록 파라미터를 조정합니다.

또 하나 '일반적'이라고 표현한 이유는 '모델'이라는 말에 명확한 정의가 내
려져 있지 않기 때문입니다. 머신러닝 분야에서는 빈번히 언급되는 단어이
지만, 사용되는 상황에 따라서 미묘하게 가리키는 대상이 달라지므로 이 점
에 주의하시기 바랍니다.

CHAPTER

09

# AI를 활용해 봅시다!

AI를 활용하는 데 있어 가장 중요한 기술은 무엇이라고 생각하시나요? 프로그래밍 능력일까요? 아니면 수학일까요? 물론 이런 지식을 갖추고 있다면 더 좋겠지만, AI를 활용하는 데 꼭 필요한 기술은 다음의 두 가지 사항입니다.

① 문제의 본질을 파악하는 능력

② 데이터를 만드는 능력

①의 문제의 본질을 파악하는 능력은 다시 말해 AI의 시점에서 과제를 파악할 수 있는 유연한 발상력을 말합니다. AI 시점에서 문제를 파악할 수 있는지 아닌지는 곧 구체적인 문제가 발생했을 때 그 문제가 AI가 풀어야 할 문제인지, AI가 풀 수 있는 문제인지를 구분할 수 있는 능력을 나타냅니다.

일상생활에서 AI를 활용하려는 이유는 안고 있는 어떠한 문제를 AI를 활용해서 해결하고 싶어 하기 때문입니다. 예를 들면 어떤 업무를 수행하는 데 사람이 처리하면 시간이 너무 오래 걸리거나, 업무 내용이 너무 복잡해서 사람이 직접 처리하는 데 한계가 있을 때가 있습니다. 구체적으로 예를 들면 '검품 작업에 시간이 너무 오래 걸린다'와 같은 업무나 문제가 발생할 수 있습니다. 그런데 이러한 문제를 표면적으로만 보려고 하면 AI에게 그 문제를 어떻게 풀게 해야 할지 알 수 없습니다. 따라서 '검품 작업에 시간이 너무 오래 걸린다'라는 문제에서 작업을 가능한 한 세분화한 다음, 어떤 작업을 끊임없이 수행해 나가야 이 작업이 이루어질 수 있는지, 그리고 그 안의 어떤 부분에 문제가 존재하며 AI가 어느 부분을 처리하도록 해야 할지 등을 구분하는 작업이 곧 AI 시점에서 문제를 파악하는 일이 되는 셈이죠.

②의 데이터를 만드는 능력이 AI를 활용하는데 있어 중요한 능력이 된다는 사실에 조금 의외라고 생각하는 분도 있을 수 있을 것입니다. 하지만 이는 AI를 활용하는 데 매우 중요한 기술입니다. 왜냐하면 현재 AI는 주로 머신러닝으로 이루어져 있으며, 머신러닝은 데이터에서 패턴과 규칙을 추출하는 기

술이기 때문입니다. 결국 좋은 AI를 만들 수 있는지 여부는 해결하려는 문제에 적합하고 질이 좋은 데이터를 얼마나 준비할 수 있는가에 달려 있다고 보면 됩니다.

물론 좋은 AI를 만들기 위한 머신러닝의 방법도 연구해 볼 수 있습니다. 최신 기술을 도입해 보거나 직접 새로운 방법을 고안해볼 수도 있죠. 하지만 이러한 방법은 연구자가 밤낮으로 연구한 끝에 겨우 0.1%의 정밀도만 향상할 정도로 아주 힘든 연구의 세계에 발을 들여놓는 일이나 다름이 없습니다. 그에 비하면 데이터의 양과 질로 차이를 두는 일은 매우 효율적인 방법이죠.

## 노래방 영상 제작에 AI를 도입하는 경우

문제의 본질을 파악하는 방법에 관해 구체적인 예시를 들어 설명해 드리고자 합니다. 예를 들면 당신이 노래방 영상을 만드는 회사의 사원이라고 가정해 봅시다. 당신은 매일 새로운 곡의 가사에 맞춰서 미리 제공된 수많은 샘플 동영상 중에서 적당한 동영상을 검색한 다음 그들을 취합하여 새로운 영상을 만들 것입니다. 즉, 당신의 업무는 '가사에 맞춰서 영상을 제작'하는 일입니다. 그럴 때 매일 이 작업을 처리해야 한다고 상상해 보십시오. 노래 가사는 내용이 천차만별일 뿐만 아니라 샘플로 만들어진 동영상의 종류도 무궁무진합니다. 그런 와중에 당신은 가사를 음미하고 어떤 동영상이 맞는지 생각한

다음, 수많은 영상 중에서 그에 맞는 영상을 찾아야만 합니다. 매일 여러 개의 동영상을 만들다 보면 저녁때 즈음에는 너무 지쳐서 가사와 영상이 다소 맞지 않더라도 '이쯤이면 괜찮겠지'라면서 대수롭지 않게 넘어가는 일이 생길 수 있습니다. 아마 그 작업이 얼마나 힘든 작업일지 상상이 될 것입니다.

그렇다면 이 작업에 AI를 어떻게 도입하면 될지를 설명해 드리겠습니다. 우선 이 작업이 어떤 작업을 반복해서 처리해야 이루어질 수 있는지를 확인하기 위해 업무 절차를 세분화해 보겠습니다. AI를 도입할 때 가장 먼저 처리해야 할 것이 문제의 본질을 파악해야 하기 때문입니다. 절차를 세분화하려면 구체적으로 자신이 그동안 진행했던 절차를 모두 적어봐야 합니다. 이때 중요한 점은 무의식적으로 했던 일이나 동시에 진행하는 일도 모두 다른 절차로 나눠서 적어야 한다는 점입니다. 예를 들면 다음과 같이 작업을 세분화할 수 있습니다.

1단계 : 가사를 분할합니다.
2단계 : 분할한 각 가사를 읽습니다.
3단계 : 가사에 맞는 영상을 찾습니다. 동영상의 종류는 1,000개가 있으며, 각 영상에는 '바다에서 즐겁게 노는 남녀'와 같이 제목이 일일이 표기되어 있습니다.
4단계 : 원래 가사의 순서에 맞게 영상을 배열합니다.

1~4단계는 세분화된 작업 하나하나를 가리킵니다. 1단계부터 4단계까지 전체 내용을 살펴보면 이 업무가 '가사에 맞게 영상을 만든다'라는 사실을 알 수 있습니다.

이제 단계별 작업을 더 상세히 살펴봅시다. 그러면서 어느 단계가 AI에 적합한지를 찾아내기로 합니다.

1단계는 가사를 분할하는 작업이므로 군이 AI를 사용하지 않더라도 단순히 자동화할 수 있다고 보여집니다. 만약에 사람이 작업한다고 하더라도 그렇게 시간이 오래 걸릴 작업은 아닙니다. 즉, '가사에 맞춰서 영상을 제작'하는 작업에 있어서 문제가 될 부분은 아닌 셈이죠. 2단계는 가사의 의미를 파악해야 하므로 언뜻 봤을 때는 마치 사람만 할 수 있는 작업처럼 보입니다. 일단 2단계는 보류하고 3단계로 넘어가 봅시다. 3단계는 2단계에서 확인했던 가사에 맞는 영상을 찾는 단계입니다. 4단계는 3단계에서 선택한 영상을 순서대로 이어 붙이는 작업이므로 간단히 자동화할 수 있습니다. 이 단계도 '가사에 맞춰서 영상을 제작'하는 작업에 있어 문제가 될 부분은 아닌 셈입니다.

이제 남겨두었던 3단계로 되돌아가 봅시다. 생각하셨듯이 가사에 맞는 영상을 찾는 작업은 1~4단계 중에서도 작업 시간이 가장 많이 필요한 부분입니다. 그러므로 이 작업을 AI로 대체할 수 있다면 큰 효과를 발휘하겠죠? 이러한 부분을 발견했을 때는 반드시 작업에 대한 인식이나 작업을 바라보는 관점을 조금 바꿔줄 필요가 있습니다.

다시 정리하자면 3단계는 가사에 맞는 영상을 찾는 작업에 해당합니다. 이 작업을 다른 관점에서 살펴보면 1,000개의 영상 중 하나의 영상에 가사를 '분류'하는 작업이나 다름없습니다. 예를 들면 '그와 헤어지고 난 후, 난 바다에서 혼자 눈물을 흘렸어'라는 가사를 보고 1,000개의 영상 중에서 '바다에서 우는 여성'이 나오는 영상을 찾는 작업은 곧 '그와 헤어지고 난 후, 난 바다에서 혼자 눈물을 흘렸어'라는 가사를 '바다에서 우는 여성'으로 분류하는 작업과 같습니다. 이는 결국 1,000개의 영상 중 한 영상에 가사를 분류하는 셈이죠.

AI는 분류 작업에 특화되어 있으므로 적어도 3단계는 AI에 맡길 수 있습니다. 즉, AI에게 어느 부분을 맡길지 판별하기 위해 업무를 세분화하고 세분화한 단계를 하나하나 확인하여 어느 작업에 '분류 작업'이 숨겨져 있는지 찾아내야 합니다. AI가 '분류 작업'만 할 수 있는 것은 아니지만, 가장 파악하기 쉽고 유용한 작업으로는 '분류 작업'이 가장 찾기 쉽습니다. 그러다가 AI에 조금 익숙해지면 '분류 작업' 이외에 AI의 특화 작업도 한번 찾아보시기 바랍니다.

실제로 AI에게 이 문제를 풀게 하려면 데이터를 반드시 준비해야만 합니다. AI에게 시킬 작업은 1,000개의 영상 중 한 영상에 가사를 분류하는 일이므로 다양한 가사를 분류할 수 있는 학습 훈련 데이터가 있으면 좋겠죠. 이럴 때 지금까지 사람이 해당 작업을 직접 수행한 데이터는 곧 학습 훈련 데이터가 됩니다. 더군다나 그 데이터가 대량으로 존재한다면 컴퓨터에 그 데이터만 학습시키면 됩니다.

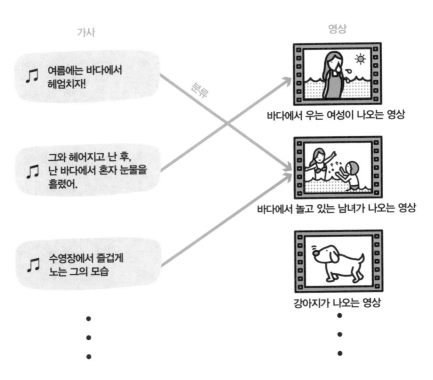

가사에 맞는 영상을 찾는 작업은
1,000개의 영상 중 한 영상에 가사를 '분류'하는 작업이나 다름없습니다.

이처럼 기존에 사람이 경험이나 어떤 기준을 바탕으로 수행했던 작업 안에는 '분류 작업'이 숨겨져 있을 가능성이 큽니다. 알아두셔야 할 것은 '분류 작업'은 AI의 특장점이기도 합니다. AI는 지치지도 않으며 일정한 기준으로 분류하므로 어쩌면 사람이 작업할 때보다 훨씬 정밀하게 작업을 수행해낼 수 있을지 모릅니다. 설령 그 작업이 업무의 일부라고 하더라도 꼭 한 번 AI에게 시켜보기를 권해드립니다.

---

업무와 문제를 세분화하여 생각하는 습관을 들입니다.

이번에는 다른 문제에 관해 생각해 봅시다. 당신은 자동으로 간단한 채팅을 할 수 있는 시스템을 개발해야 합니다. 여기서 말하는 간단한 채팅은 다음과 같은 대화가 가능한 기능이라고 가정해 봅시다.

> 제시어 : 오늘 덥네요.
> → 대답 : 정말 그렇네요.
> 제시어 : 배고파.
> → 대답 : 뭐 좀 드세요.
> 제시어 : 다녀올게.
> → 대답 : 다녀오세요.

만약 컴퓨터의 대답이 고정되어 있지 않다면 이 문제를 해결하기는 매우 힘들어질 것입니다. 그러나 대답이 제한되어 있다면 문제를 인식하는 방식만 조금 바꿔주면 앞선 영상 작업과 같은 방법으로 문제를 해결할 수 있습니다. 여기에서 대답이 제한되어 있다는 뜻은 대답의 종류가 일정 개수로 정해져 있다는 뜻을 말합니다. 즉, 사용자가 어떠한 내용을 입력하더라도 미리 준비해둔 여러 가지 대답 중에서 하나를 골라서 대답하는 방식인 셈이죠. 예를 들면 '정말 그렇네요', '뭐 좀 드세요', '다녀오세요'라는 세 가지 답변 중에서 선택해서 답변을 출력하는 시스템이라면 '오늘 덥네요'나 '배고파' 이외에도 사용자가 미리 준비된 질문이 아닌 질문을 하더라도 다음과 같이 대답할 수 있을 것입니다.

> 제시어 : 아침밥을 못 먹었어.
> → 대답 : 뭐 좀 드세요.
> 제시어 : 특이한 구름이 떠 있네요.
> → 대답 : 정말 그렇네요.

그러면 이 문제를 인식하는 방식을 조금 바꿔봅시다. '오늘은 덥네요'나 '특이한 구름이 떠 있네요'라는 다른 의미의 제시어에 '정말 그렇네요'라고 대답했다는 뜻은 곧 '오늘은 덥네요'와 '특이한 구름이 떠 있네요'를 '정말 그렇네요'로 분류했다는 의미가 됩니다. 마찬가지로 '배고파'와 '아침밥을 못 먹었어'는 동일하게 '뭐 좀 드세요'에 분류된다는 뜻이 됩니다. 여기에서도 또 '분류'

라는 단어가 나왔습니다. 위의 대화처럼 언뜻 봤을 때 분류와는 거리가 멀어 보이는 문제도 사실은 분류를 통해 문제를 해결하고 있는 셈입니다.

AI를 활용할 때 중요한 점은 문제의 외관(보이는 방식)에 속지 말고 문제의 본질을 파악할 수 있어야 한다는 점에 있습니다. 본질만 파악할 수 있다면 해당 문제가 AI에 적합한지 판단할 수 있어 AI를 효과적으로 활용할 수 있습니다.

이제 문제의 본질을 파악하는 능력이 얼마나 중요한지 아셨나요? 그렇다면 그런 기술은 어떻게 익힐 수 있을까요? 그 정답은 이미 나와 있습니다. 즉, 평상시에 업무와 문제를 세분화하여 생각하는 습관을 들이면 됩니다. 업무나 풀어야 할 문제를 맞닥뜨렸을 때 그것을 가능한 한 세분화하는 습관을 들여야 합니다. 업무의 세분화는 노래방 동영상을 예시로 설명했듯이 자신이 수행하는 작업을 가능한 한 작은 단위로 나눠서 생각하는 것입니다. 최소 단위까지 반영해야 '분류 작업'을 쉽게 찾을 수 있습니다. 예를 들어 간단한 채팅을 할 수 있는 시스템을 개발하는 도중에 생각지도 못한 분류가 숨겨져 있었듯이 업무를 세분화하면 분명 의외의 부분에서 '분류 작업'을 발견할 수 있을 것입니다.

## 데이터 준비의 중요성과 문제점에 대해!

현재의 AI에서 가장 중요하다고 말할 수 있는 부분은 바로 데이터입니다. 아주 뛰어난 머신러닝의 방법을 갖고 있더라도 데이터가 없으면 AI를 만들 수 없습니다. 그렇다면 데이터는 어떻게 만들면 좋을까요? 언뜻 생각해 보면 데이터를 만드는 작업 정도는 엄청 간단해 보일 수 있습니다. 그러나 데이터를 준비하는 작업 또한 만만치 않습니다.

데이터를 준비할 때는 다음과 같은 두 가지 문제점이 있습니다.

> ① 사람이 원하는 데이터를 만들게 해야 한다는 점
>
> ② 대량의 데이터를 만들어야 한다는 점

①의 사람이 원하는 데이터를 만들게 해야 한다는 점은 사람이 직접 데이터를 만들 때 문제가 발생합니다. 사람에게 데이터를 만들게 할 때는 우선 작업 설명서를 만들어야 합니다. 그래야 그 설명서에 따라 데이터를 만들 수 있겠죠. 누가 보더라도 확실히 답을 알 수 있는 문제는 특별히 문제가 될 일이 없습니다. 하지만 AI에게 풀게 하려는 문제는 일반적으로 복잡한 경우가 많죠. 즉, 이 방법의 문제점은 작업자의 이해도에 따라 전혀 다른 데이터를 만들어낼 위험성이 있다는 뜻입니다. 따라서 그렇게 되지 않으려면 설명서를 만들어서 작업자에게 건네지만 말고 작업 중이더라도 작업자의 이해도를 확인하면서 항상 설명서를 각인시키는 작업이 중요합니다.

이때의 문제점은 설명서를 아무리 완벽하게 만들더라도 작업자에게 전하는 방식에 따라 데이터 작성의 기준이 달라질 가능성이 있다는 점입니다. 설명서의 해독 능력은 작업자마다 다를 뿐만 아니라 애초에 설명을 잘못해 주면 작업자가 착각해서 작업 방향을 잘못 잡을 수도 있습니다. 이처럼 사람의 판단으로 기준이 달라질 수 있는 문제에 관련된 데이터를 만들 때는 작업자 간에 기준이 달라지지 않도록 세심한 주의를 기울여야만 합니다.

②의 대량의 데이터를 만들어야 한다는 점은 대량(수백만~수천만 개)의 데이터를 준비해야 할 때 문제가 발생합니다. 예를 들면 총 1,000만 건에 달하는 스포츠에 관한 문장과 그 이외의 문장을 3일 만에 수집해야 한다는 말을 들었을 때 여러분이라면 어떻게 하시겠습니까? 이럴 때는 효율적으로 수집하기 위한 아이디어를 떠올릴 수 있는지가 AI를 활용하는 데 있어서 중요한 관건이 됩니다.

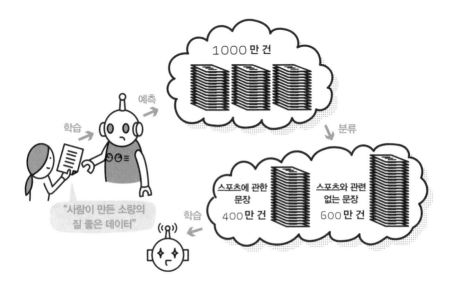

사람이 만든 소량의 데이터를 학습시키 다음.
그 모델을 사용하여 대량의 학습 훈련 데이터를 만듭니다.

대량의 데이터를 준비해본 경험이 없다면 3일 만에 1,000만 건은 무리라고 생각할 수 있습니다. 하지만 데이터를 대량으로 만들 수 있는 기술은 존재합니다. 앞서 들었던 데이터로 예시를 들면 우선 데이터를 만드는 데 기초가 될 대량의 문장을 어딘가에서 수집해야만 합니다. 만약 많은 문장을 수집했다 하더라도 최대 문제점은 그 안에서 어느 문장이 스포츠와 관련된 문장인지 알 수 없다는 점에 있습니다. 그렇기 때문에 사람이 1,000만 건을 모두 일일이 확인하는 일은 현실적으로 불가능합니다.

이럴 때 자주 쓰이는 방법이 있습니다. 우선 사람이 직접 만든 질 좋은 데이터를 몇 개 만들어서 컴퓨터에 학습시키고 그 모델을 사용하여 대량의 데이터를 분류하는 방법입니다. 머신러닝을 위한 학습 훈련 데이터를 만드는 데 머신러닝을 사용한다는 점을 꼭 명심해 두시기 바랍니다.

기술이나 아이디어는 학습을 통해 습관을 들일 수 있지만, 사람이 원하는 데이터를 직접 만들어야 할 때는 '직접 해봐야 깨달을 수 있는 점'이 크게 작용합니다. 따라서 AI를 활용하는 힘을 기르려면 실패를 두려워하지 말고 차근차근해 나가는 행동도 매우 중요한 포인트가 됩니다.

# AI와 인간의 일

CHAPTER

01

# AI를 사용하면 우리의 일은 어떻게 변화할까?

AI에게 내 일을 빼앗길 수 있다는 말은 사실일까?

AI는 이미 전 세계적으로 광범위한 분야에서 사용되고 있으며, 이에 그치지 않고 앞으로 점점 더 다양한 업계로 침투해갈 것입니다. 그때 어떤 일이 일어날지 상상해 본적이 있나요? AI의 급격한 성장 속도에 앞으로 인간은 AI에게 일을 빼앗길 것이라는 불안함을 느끼는 사람도 있을 것입니다. 신문이나 방송을 통해 가까운 장래에 AI로 인해 없어질 인간의 직업군에 대한 이야기도 종종 만나곤 합니다.

그러나 이 책의 1부에서 설명한 내용을 읽고 AI의 구체적인 형태를 이해했다면 'AI도 잘하는 일과 서투른 일이 있으므로 모든 작업이 AI로 대치되는 일은 없을 것이다'라는 점을 알 수 있을 것입니다.

물론 AI는 엄청난 능력을 갖추고 있지만, 현 시점에서 우리의 일을 빼앗을 만한 존재는 아닙니다. 하지만 AI가 점점 더 발전함에 의해 우리 인간이 하는 일에 큰 영향을 미치기는 할 것입니다. AI의 도입으로 인해 인간이 그전에 했던 작업의 형태가 크게 바뀔 가능성이 있습니다. 예를 들면 어떠한 규칙에 따라 사람이 반복적으로 작업해야 하는 일이 있다면 그 일은 AI도 정확히 해낼 가능성이 매우 큽니다. 그렇게 되면 지금까지 일정한 규칙에 따라 사람이 작업했던 일들은 줄어들겠죠. 그렇다면 그런 작업에 관한 일을 모두 AI에게 빼앗기고 마는 걸까요? 그에 대한 답을 한 마디로 말하자면 그렇지 않다입니다. 다음과 같은 새로운 일이 생겨날 수 있기 때문입니다.

① 필요한 AI를 개발하는 일

② 개발한 AI를 업그레이드하는 일

③ AI가 했던 작업을 최종적으로 확인하는 일

이제부터 이런 것들에 대해 하나씩 살펴보겠습니다.

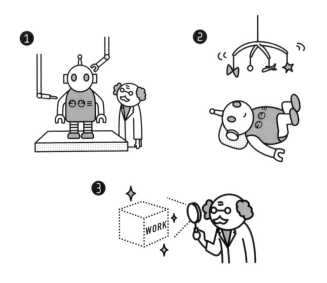

AI 시대에 새로 생겨날 수 있는 일입니다.
① AI 개발, ② AI 업그레이드, ③ AI가 수행한 작업을 최종 확인

---

AI 시대에 새롭게 생겨날 일 ①

### 필요한 AI를 개발하는 일

아마 많은 분이 이 부분에 대해 'AI 개발은 AI 전문가만 할 수 있는거 아니냐?' 라고 의문점을 가질 수도 있을 것입니다. 물론 맨 처음 AI를 학습시키는 단계에서는 그럴 수 있지만, 실제로 도움이 되는 AI를 만들 때 중요한 점은 AI를 개발하는데 있어 바탕이 될 대량의 데이터를 수집하는 부분에 있습니다. 애초에 데이터가 없으면 AI를 만들 수 없기 때문입니다.

AI에 있어 데이터는 매우 중요하므로 수행해야 할 문제에 필요한 질 좋은 데이터를 대량으로 수집해야만 합니다. 그러기 위해서는 수행할 문제의 본질을 잘 파악해야 하고, 대량으로 데이터를 수집하기 위한 연구도 필요합니다.

예를 들면 스팸 메일인지 분류할 수 있는 AI를 개발하고 싶을 때는 스팸 메일과 그렇지 않은 메일이 대량으로 필요합니다. 물론 메일 전체를 대량으로 보관하고 있다고 하더라도 AI에게 학습시키려면 메일이 스팸 메일인지 아닌지를 확인해야 하므로, 대량의 데이터를 확인하기 위한 어떤 연구가 필요합니다. 여기서는 스팸 메일에 대한 예를 들었지만 사실 스팸 메일을 분류하는 정도의 작업은 간단한 문제에 속하는 편입니다. 왜냐하면 스팸 메일인지 아닌지 분류하는 작업에는 그다지 전문적인 지식이 필요하지 않기 때문입니다.

그렇다면 만약에 건강한 사람의 폐와 그렇지 않은 사람의 폐 사진을 대량으로 수집해야 한다고 가정해 봅시다. 많은 폐 사진이 막상 눈앞에 있더라도 어떤 사진이 건강한 사람의 폐인지 판단하려면 전문적인 지식이 필요합니다. 이처럼 어떤 문제와 관련된 AI를 개발할 때는 AI를 위한 데이터를 준비하는 단계에서 그 문제에 대한 깊은 지식이 필요한 경우가 많습니다. 따라서 앞으로는 AI에 능통할 뿐만 아니라 문제에 관한 전문적 지식과 그 문제에 적합한 데이터를 효율 있게 수집하는 능력도 매우 중요해질 것입니다.

## AI 시대에 새롭게 생겨날 일 ②

**개발한 AI를 업그레이드하는 일**

AI를 완성했다고 하더라도 그것을 그대로 몇 년이나 몇십 년 동안 계속 사용할 수는 없습니다. 어느 순간 갑자기 완벽한 AI를 개발할 수 있는 일은 드물기 때문입니다. 따라서 개발한 AI를 운용하면서 업그레이드하는 일이 필요하겠죠. 'AI 업그레이드'란 AI에게 재학습시키는 작업을 가리킵니다. 예를 들면 스팸 메일을 분류하는 AI가 있다고 할 때, AI가 메일을 잘못 분류하는 일이 발생할 수 있습니다. 즉, 스팸 메일이 아닌 메일을 스팸 메일로 분류하거나 반대로 스팸 메일인 메일을 스팸 메일이 아니라고 분류하는 등의 오류 말입니다. 따라서 AI를 적용하기 시작하면 AI가 어떠한 실수를 하는지 수시로 확인하고, 앞으로 그같은 실수를 발생시키지 않도록 알려줄 필요가 있습니다.

물론 스팸 메일의 예시는 아주 간단해서 그다지 큰 문제가 발생하지 않을 수 있겠지만, 보다 복잡한 문제에 따라서는 ①의 AI 개발과 마찬가지로 개발한 AI를 업그레이드하기 위해서 그 업무에 관한 깊은 지식이 필요할 수 있습니다. 이런 경우도 마찬가지로 AI가 어떤 실수를 했을 때 그 실수를 어떻게 올바르게 고치면 좋을지 알 수 있는 전문가만이 AI를 다시 학습시킬 수 있습니다. 당연히 AI를 다시 학습할 때도 또 다른 데이터가 필요합니다. 어떤 데이터를 활용하면 이 실수를 고칠 수 있을지 이해하고, 실제로 사용할 데이터를 만들 수 있을지도 앞으로 중요하게 여겨야 할 사항입니다.

---

## AI 시대에 새롭게 생겨날 일 ③

**AI가 수행한 작업을 최종 확인하는 일**

AI가 어떤 답을 출력했다고 하더라도 그것은 추측에 불과합니다. 'AI가 잘 못하는 일'에서도 설명했듯이 AI는 스스로 제대로 된 정답을 도출해낼 수 없습니다. 스팸 메일처럼 매일 대량의 분류가 필요한 작업은 현실적으로 사람이 일일이 최종적으로 확인하기 힘들지만, 정해진 개수의 제품을 제조하는 현장에서는 사람이 직접 최종적으로 확인하는 작업이 매우 중요합니다. 물론 사람의 판단이 무조건 정답은 아니므로 AI의 판단이 맞고 사람의 판단이 틀릴 가능성도 있습니다. 그렇지만 그러한 가능성까지 포함하더라도 사람이 보고 최종 판단을 내리는 작업 유형은 계속 증가할 것으로 판단됩니다.

이처럼 AI가 당신이 그동안 하던 일에 연관되기 시작하면 그 일의 형태가 크게 바뀔 가능성이 있습니다. 그렇게 되면 앞으로는 업무에 관한 지식뿐만 아니라 AI 관련 지식도 필요해질 테죠. 또한 동시에 AI를 위한 데이터를 수집하는 능력도 갈고닦아 놓으면 분명 도움이 될 것입니다.

AI는 이미 다양한 업계에 영향을 미치고 있습니다. 이제 몇 가지 업무 분야에서 AI가 어떻게 활용되는지, 또 어떠한 영향을 미치는지에 관해 말씀드리고자 합니다. 또한 각 업무 분야의 '가까운' 미래에 관해서도 상상해 보고자 합니다.

CHAPTER
∨
# 02

# 고객센터와 콜센터

이미 AI로 대응하고 있는 고객센터가 있습니다.

고객센터나 콜센터의 주요 업무는 제품과 서비스 등에 관한 고객의 문의 사항에 대응하는 일입니다. 따라서 다양한 고객의 질문에 대답하려면 대상이 될 제품과 서비스 등에 관한 방대한 지식을 갖추고 있어야 하며, 고객이 문의하는 내용이 무엇인지 정확히 파악할 수 있는 이해 능력도 필요합니다. 그저 문의 사항에 대답해 주는 것뿐만 아니라, 때에 따라서는 다소 잡담을 중간 중간 조금씩 끼워 넣어서 대답해야 할 때도 있습니다.

이때 AI에게 고객센터나 콜센터의 업무를 맡기려면 대화할 수 있는 AI가 되어야 합니다. AI의 역사를 소개할 때 언급했었던 엘리자도 대화할 수 있는 컴퓨터지만, 단순히 'A라는 제시어에 B라고 대답한다'라는 단순한 규칙이 적용되어 있을 뿐이므로 고객센터나 콜센터의 업무를 수행하는 것은 불가능합니다.

그러나 최근의 AI는 고객센터와 콜센터의 업무를 어느 정도 수행할 수 있게 발전되었으며, 실제로 현장에서 이미 AI로 대응하고 있는 고객센터도 있습니다. 혹시 어떤 홈페이지에 들어갔을 때 우측 하단이나 좌측 하단 쪽에 '문의 채팅'이라는 문구와 함께 캐릭터가 표시된 페이지를 본 적이 있나요? 그런 표시가 있는 경우 그 표시를 클릭한 후 하고 싶은 말을 입력하면 그 캐릭터와 채팅할 수 있는데, 이 캐릭터가 바로 고객센터를 대처하는 AI인 셈입니다. 이처럼 대화할 수 있는 시스템을 챗봇(Chatbot)이라 불리며, 현재 다양한 분야로 퍼져나가고 있습니다.

## AI가 잘하는 것은 '태스크 지향형' 대화입니다.

챗봇으로 대화하는 목적은 크게 두 종류로 나눌 수 있습니다. 첫째로 어떤 목적을 가지고 대화하는 '태스크 지향형'을 꼽을 수 있습니다. 이는 '날씨를 알려줘', 서울에서 대전까지의 교통비를 알려줘', '알람을 설정해 줘'처럼

떤 목적을 달성하기 위해 시행하는 대화를 말합니다. 둘째로 특별한 목적이 없이 대화하는 '비태스크 지향형'을 꼽을 수 있습니다. 이는 흔히 말하는 '잡담'에 가깝습니다. 이럴 때 고객센터와 콜센터에서는 일반적으로 고객이 무언가를 알고 싶어서 연락해 오는 경우가 대부분이므로 태스크 지향형 대화가 가능한 AI가 필요합니다.

그렇다면 AI는 태스크 지향형과 비태스크 지향형 중 어느 쪽을 더 잘 수행해 낼까요?

바로 '태스크 지향형' 대화입니다. AI는 방대한 데이터에서 일정한 규칙과 패턴을 추출하는 작업에 뛰어나므로 태스크 지향형처럼 제시어(질문)의 범위가 어느 정도 정해져 있고, 그에 대한 대답이 하나로 정해져 있을 때는 그것에 맞게 대응할 수 있습니다.

반면에 비태스크 지향형의 대화는 어떨까요? 우리가 평소 사용하는 대화를 상상해 보면 알 수 있듯이 제시어의 내용은 무궁무진할 뿐만 아니라 그에 대한 대답도 무궁무진하죠. 같은 제시어에도 다양한 대답 유형이 나타날 수 있으므로 아직은 사람과 사람이 나누는 잡담을 AI가 수행해 내기는 힘든 실정입니다.

## 콜센터 업무는 대부분 AI로 대체된다고?

실생활에서 아직은 AI와 자유롭게 대화할 수 없지만, 특정 목적을 달성하기 위한 대화는 이미 AI가 어느 정도의 정밀도로 수행해 내고 있습니다. 앞으로 AI의 정밀도가 지금보다 더 수월하게 대화할 수 있을 정도로 향상하면 고객센터나 콜센터 업무는 대부분 AI로 대체될 수 있습니다. 그리고 어떻게 해서든 인간과 대화하고 싶다는 요청이 들어왔거나 AI가 대답하지 못할 때에는 대신에 응대할 수 있는 소수 정예의 인간이 대기하는 구도가 생길지 모릅니다.

그보다 더 먼 미래에는 잡담도 정확히 수행해 낼 수 있는 AI도 나타날 수 있겠죠. 그렇게 되면 고객센터나 콜센터에서 일하는 사람들은 AI에게 새로운 정보를 제공하거나 조절해 주는 등 AI를 교육하는 역할로 업무 형태가 변경될 수 있습니다.

이와 같이 고객센터나 콜센터에 AI를 활용하면 고객센터와 콜센터를 운영하는 회사 측에서는 비용 절감이 매우 크다는 장점을 누릴 수 있습니다. 지금까지 사람에게 의존해왔던 부분을 컴퓨터로 대체할 수 있으므로 큰 비용 절감이 가능한 셈이죠. 고객 측에서도 정보의 신뢰성을 얻을 수 있다는 장점이 있습니다. 물론 사람이 대응하더라도 정보의 신뢰성에는 문제가 거의 없겠지만, AI로 대체되고 나면 정보를 빠트리는 실수는 발생하지 않기 때문입니다. 컴퓨터와 대화를 통해 손쉽게 정보를 얻을 수 있는 미래에는 이런 일들이 더 빠르게 가능해질 것입니다.

고객센터나 콜센터에서 일하는 사람들은 AI에게 새로운 정보를 제공하거나
조절해 주며 AI를 교육하는 역할로 업무 형태가 변경될 수 있습니다.

CHAPTER
03

# 요리 연구가

식자재를 입력하면 지금까지 찾아볼 수 없었던 레시피를 만들어주는 AI

언뜻 봤을 때 AI와 요리는 거리가 멀다고 생각할 수 있습니다. 그렇다면 요리와 관련된 직업에 AI를 도입하면 어떤 일이 벌어질 수 있을까요?

식자재를 입력하면 레시피를 추천해 주는 AI가 나타나지 않을까요? 물론 단순히 레시피만 검색해서 알려준다면 그것은 AI라고 부를 수 없습니다. 단순히 재료로 레시피를 검색해 주는 것이 아니라 사용자가 지금까지 만들었던 요리와 레시피 열람 이력을 바탕으로 집에 있는 식자재로 만들 수 있으면

서 최대한 당신의 취향에 맞는 레시피를 추천해 주는 기능을 탑재하고 있어
야 하겠죠. 그런 기능이 탑재된 AI라면 계속 사용할수록 점점 자신의 취향에
맞는 레시피를 추천해 줄 수 있을 것입니다. 이러한 AI는 현재의 기술로도
어렵지 않게 개발할 수 있으며 실제로 이미 비슷한 AI가 개발되어 있습니다.
매일 식단을 짜는 일도 아주 힘든 작업이므로, 이 AI에게 도움을 받으면 매
일매일 조금이라도 편하게 음식을 만들 수 있을 것입니다.

하지만 단순히 어떤 레시피만 추천해 주는 수준이면 재미가 없으니 AI가
직접 새로운 레시피까지 개발했으면 좋지 않을까요? 예를 들어 식자재를 입
력하면 그 식자재를 사용한 완전히 새로운 레시피를 제안해 주는 AI가 있다
면 어떨까요? 이러한 AI를 구현해 내려면 식자재는 물론이고 그에 따른 수많
은 레시피를 학습시켜 주어야만 합니다. 머신러닝은 대량의 데이터에서 패턴
과 규칙을 잘 찾아내므로 이 세상에 수많은 레시피를 학습시켜주면 어떤 식
자재끼리 자주 사용하는지, 또는 사용하지 않는지를 발견해낼 수 있습니다.

---

사실 레시피는 굉장히 만들기 어려운 분야 중에 하나입니다.

데이터만 있으면 무조건 새로운 레시피를 만들어낼 수 있는지 여부도 문제
입니다. 레시피를 다루기 힘든 점 중에 하나는 문장으로 표현된 레시피 속 정

보를 구조적으로 인식할 수 있어야 한다는 점입니다. 즉, 레시피에는 '감자의 껍질을 깎은 후 2/3개만 썰어준다'라고 간단히 표현되어 있더라도 사실은 그 안에 감자라는 식자재의 껍질을 벗겨내는 작업과 그 감자의 2/3만 사용해서 썰어내는 작업 등이 복합적이고 구조적으로 기술되어 있습니다. 또 어떤 썰기를 해야 하는지 인식해야만 합니다. AI에게 레시피처럼 특유의 특징을 지닌 데이터로 학습시키려면 그 데이터에 적합한 어떤 연구가 필요합니다.

'감자를 깎은 후 2/3개만 썰어준다'라는 레시피 문장은
사실 AI가 인식하기 매우 힘든 문장입니다.

만약 이러한 문제를 해결하여 AI가 레시피 데이터를 잘 학습할 수 있다면 새로운 레시피를 개발할 수 있을 것입니다. 왜냐하면 레시피도 어떤 규칙에 따라 만들어진 방식이기 때문입니다. 오히려 AI이기 때문에 생각해낼 수 있는 새로운 레시피가 탄생할지도 모릅니다. 우리들 일반적인 사람은 보통 어느 식자재와 어느 식자재는 함께 사용하면 안 될 거 같다는 선입견이 있지만, AI에게는 그런 선입견이 없기 때문입니다. 일정한 상태로 새로운 레시피를 고안할 수 있는 셈이죠. 수많은 레시피를 통해 식자재의 궁합을 학습하면서 인간은 생각지도 못할, 하지만 사실 궁합은 아주 잘 맞는 식자재를 발견해 낼 가능성이 충분히 있습니다. 그리고 사실 레시피를 고안해 내는 AI는 이미 개발이 진행 중인 분야이기도 합니다.

## 좋은 레시피를 고안해 내는 AI 개발이 요리 연구가의 일!?

AI가 레시피를 학습할 수 있다면 영양 정보와 제철 식자재 등의 다양한 정보도 추가로 학습시켜줘야 합니다. 만약 영양 정보도 함께 학습할 수 있다면 단지 미각적인 궁합뿐만 아니라 영양학적으로도 훌륭하고 제철 식자재를 최대한 많이 사용한 레시피도 고안해 낼 수 있을 것입니다.

다만 AI가 고안해 준 레시피가 맛있을지는 만들어서 먹어보지 않으면 알 수 없습니다. 고안해 낸 요리가 하나같이 다 맛있기만 하다면 요리 연구가는 가능한 한 AI가 좋은 레시피를 제안할 수 있도록 개발하는 일을 담당하는 직업으로 바뀔지 모릅니다.

또한, 요리 사진을 보고 그 요리에 어떤 식자재를 사용했는지, 어떻게 만들어졌는지를 추측할 수 있는 AI도 현재 개발 중이라고 합니다. 이러한 AI를 구현해 내려면 대량의 요리 사진과 그 요리에 사용된 식자재, 그리고 그 레시피의 조합을 AI에게 학습시켜야 합니다. AI는 이러한 정보를 바탕으로 '이런 요리(사진)는 이 식자재로 이렇게 만들어야 할 가능성이 크다'라는 식으로 학습해 나가게 됩니다. 만약 이러한 AI가 실용화 단계까지 도달한다면 레스토랑에서 먹었던 맛있는 음식을 사진으로 찍어두면 집에서 그대로 재현할 수 있을 것입니다.

---

먹고 싶은 음식을 말하면 레시피를 만들어주고 조리까지 해주는 AI

레시피를 고안해 내거나 레시피를 예측해 주는 AI는 이미 상당히 실현되어 있다는 사실을 설명했습니다. 그러면 조금 더 미래의 모습을 상상해 봅시다. 레시피를 고안해 낼뿐만 아니라 직접 조리까지 해주는 AI가 있다면 어떨까요? 사실은 이미 조리할 수 있는 로봇도 개발 중이라고 합니다. 아직 실용화 단계에는 도달하지 못했지만, 만약 그 로봇이 대화까지 가능하다면 미래에는 어떤 음식이 먹고 싶다고 말만 해주면 냉장고에 있는 식자재로 새로운 레시피를 고안한 후 조리까지 해주는 로봇이 생겨날 수도 있습니다.

'로봇이 생각한 레시피를 로봇이 만든다.'

만약 이런 생각이 당연해진 세상이 온다면 사람은 요리를 직접 하지 않게 될까요? 물론 로봇에게 요리를 시키면 사람은 아무것도 하지 않더라도 항상 안정적이면서 맛있는 요리를 제공받을 수 있을 것입니다. 하지만 사람은 요리할 때 기계처럼 항상 똑같이 만들지 않습니다. 그날의 기분에 따라 달콤하게 먹고 싶을 때도 있고 맵게 먹고 싶을 때도 있어서 똑같은 음식을 만들어도 전혀 다른 음식을 만들어내고는 하죠. 사실 이렇게 만든 음식이 어떤 한 가정의 맛이 되기도 하고 질리지 않는 먹을 수 있는 음식이 됩니다. 로봇이 요리를 만드는 세상이 왔을 때 날마다 조금씩 다른 맛을 낼 수 있도록 설정해 두지 않는다면 로봇의 획일적인 음식 맛에 질려서 사람이 다시 직접 요리하게 될지 모릅니다.

CHAPTER

04

# 아나운서와 성우

---

인간의 목소리를 AI로 대체하면 과연 좋기만 할까?

---

아나운서나 성우는 말하는 직업, 즉 목소리를 가지고 일하는 직업입니다. 아나운서는 주로 뉴스를 읽고, 성우는 각본을 보고 목소리를 내죠. 즉, 문장을 음성으로 변환하는 작업을 수행해 냅니다. 이 작업을 AI로 대체했을 경우 어떠한 이점이 있을까요? 아나운서인 경우 사람은 생방송일 때 기사를 잘못 읽을 수 있지만, AI라면 그런 실수를 범하지 않습니다. 또 AI는 항상 규칙적이고 휴식도 필요하지 않으므로 항상 똑같은 수준을 유지할 수 있습니다.

성우의 경우는 애니메이션을 제작하는 회사에서 굳이 성우에게 일을 부탁

할 필요가 없어져 비용을 절감할 수 있습니다. AI는 순식간에 음성을 만들어 낼 수 있으므로 납기가 아슬아슬할 때도 손쉽게 제작할 수 있습니다.

사실 이미 문자를 음성으로 변환해 주는 '음성 합성 시스템'이라는 AI가 있습니다. 실제로 이 AI가 어떤 방송에서 내레이션 했다는 사례도 있습니다.

## 문자를 파형(음)으로 변환해서 출력하는 AI

'음성 합성 시스템'은 과연 어떤 AI일까? 단순히 말해 소리는 파형으로 나타낼 수 있으므로 문자를 음성으로 변환하려면 문자를 파형으로 변환하면 됩니다. 즉, 음성 합성 시스템은 문자를 파형으로 변환하는 AI인 셈이죠. 이 AI를 구현해 내는 방법은 다양하게 있지만, 한 가지 방법을 예로 들면 방대한 양의 녹음에서 음의 단편(매우 짧은 음)을 채취해 내어 그것을 이어붙이는 방법이 있습니다. 그러나 이 방법은 음성이 부자연스러운 경우가 많으므로, 음성과 문장의 정보를 통계적으로 처리하여 그 특징을 바탕으로 음성을 합성하는 방법도 사용합니다.

**문자를 파형으로 변환해서 그 파형을 출력하면 음성이 만들어집니다.**

'음성 합성 시스템'은 이미 연구가 상당히 진행된 상태이며, 이미 상용화된 제품도 꽤 있습니다. 이러한 제품은 꽤 자연스러운 수준까지 도달했지만, 사람이 말하는 음성과 비교하면 아직은 위화감이 느껴지는 편입니다. 또 애니메이션이나 영화 더빙처럼 감정을 담아서 이야기해야 하는 부분은 더 구현해 내기 어렵습니다. 최근은 딥러닝을 활용해서 더 자연스러운 음성을 합성할 수 있도록 연구 중이므로 머지않은 미래에는 사람이 말하는 것처럼 감정이 풍부하고 자연스러운 음성을 출력할 수도 있을 것입니다. 그렇게 되면 애니메이션과 영화업계에서 사람이 직접 더빙하는 작품은 고급 작품으로 인식하게 되는 날이 올지도 모릅니다.

## 음성 인식 시스템은 실용화 단계입니다.

반대로 음성을 문장으로 변환하는 AI도 존재합니다. 이러한 AI는 '음성 인식 시스템'이라 부릅니다. 문자를 파형으로 변환하는 음성 합성 시스템과 반대로 음성 인식 시스템은 파형을 문자로 변환해 주는 AI죠. 음성을 입력하여 무언가를 수행하고 싶을 때 자주 사용하는 매우 실용적인 AI입니다. 이 음성 인식 시스템에도 머신러닝을 활용하여 실용화 단계까지 성능이 향상되어 있습니다.

음성 인식 시스템을 단독으로 사용하는 경우는 테이프 문서화 작업을 자동화할 때 활용할 수 있습니다. 테이프 문서화 작업은 사람이 테이프에 녹음된 음성을 듣고 그 음성을 문자로 변환하는 작업인데 음성 인식 시스템은 그 작업을 자동으로 수행해 낼 수 있습니다. 정밀도의 문제가 있어서 사람이 직접 확인 작업을 해야 하지만, 그래도 사람이 일일이 듣고 문서로 만드는 것보다는 작업 효율이 좋은 편이죠.

그러나 음성 인식 시스템을 단독으로 사용하는 경우는 찾아보기 힘들고 다른 기능의 일부로 사용되는 경우가 많습니다. 예를 들어 기계번역에 도입하여 활용하면 음성으로 입력된 한국어를 영어로 번역할 수 있습니다. 기계번역은 한국어 문장을 영어 문장으로 번역하는 기능이므로, 음성으로 입력하려면 음성을 문장으로 변환할 수 있는 다른 AI가 필요한 셈이죠. 만약 여기

에 음성 합성 시스템도 도입하면 음성으로 입력한 한국어를 영어 음성으로
출력할 수 있습니다. 여러 AI를 조합할수록 다양한 기능을 구현해 낼 수 있
으므로 새로운 AI 조합을 상상해 보고, 그로 인해 어떤 일이 가능할지 생각
해 보는 것도 좋은 방법입니다.

CHAPTER
⌄
05

# 보육사, 교사, 학원 강사

로봇은 선생님을 대신할 수 있을까?

　이번 장에서는 보육사나 교사처럼 교육을 담당하는 분야가 AI로 대체된 미래에 관해 생각해 보고자 합니다. 구체적으로 교육용 로봇을 예로 들 수 있습니다. 이러한 교육용 로봇은 크게 두 종류로 나눌 수 있습니다. 첫째로 로봇 조립 키트를 꼽을 수 있습니다. 스스로 조립하여 로봇의 움직임을 프로그래밍한 후 로봇의 시스템을 이해하기 위한 로봇입니다. 둘째로 로봇 자체가 다양한 내용을 알려주는 선생님 같은 로봇을 꼽을 수 있습니다. 이번 장에서는 보육사나 교사를 대신할 AI를 다룰 예정이므로 두 번째 로봇에 해당하는 이야기를 해드리고자 합니다.

그렇다면 로봇이 선생님을 대신할 날이 과연 다가올까요? 사실 이미 유아 교육용으로 개발된 로봇이 많이 있습니다. 예를 들면 현장에서 아이들이 궁금할 때 많이 쓰는 '이거 뭐야?', '왜?' 같은 질문에 대답해 주는 로봇이 있습니다. 부모라면 아이들의 왕성한 호기심 때문에 아이가 갑자기 질문했을 때 대답하지 못한 경험이 아주 많을 테죠. 그러나 AI는 컴퓨터이므로 방대한 정보를 보유하고 있을 수 있습니다. 스스로 인터넷에 접속할 수 있는 AI라면 웹상에 있는 대규모 지식을 활용하여 정답을 말해줄 수 있습니다. 마치 로봇의 형태를 띤 백과사전인 셈이죠.

대화하는 AI는 여전히 만들기 힘듭니다.

다만 현재의 기술로는 진정한 의미의 자유로운 대화가 가능한 AI는 여전히 만들기 힘듭니다. '한라산은 높이가 몇 미터야?' 라는 질문에는 대답할 수 있지만, 한라산 이야기를 하는 도중에 대화의 흐름을 살피면서 한라산에 대한 다양한 정보를 섞어서 말하지는 못한다는 뜻입니다. 하지만 AI는 사람이 활용하지 못할 정도로 많은 양의 데이터를 보유할 수 있으므로 아이들의 지식 욕구는 충족시킬 수 있습니다.

'한라산은 높이가 몇 미터야?' 라는 질문에 '1947m야'라고 대답할 수 있는 로봇 안에는 사실 '고객센터와 콜센터'에서 설명했던 대화 가능한 시스템이 탑재된 셈입니다. 사람이 봤을 때는 로봇으로 보이는 존재는 그저 '출입구'에 불과합니다. 로봇의 내부 또는 로봇이 인터넷으로 접속한 페이지에 대화 기능에 대응하는 시스템이 있는 것이죠.

'고객센터와 콜센터'와 마찬가지로 음성을 대상으로 한 대화가 주가 되었지만, 사실 일반적으로 대화 시스템이라고 불리는 AI는 음성이 아니라 문장을 문장으로 대응하는 시스템을 말합니다. 대화 시스템이라고 하면 보통 음성으로 주고받는 모습을 상상하지만, 대화 시스템 자체는 음성을 입력하면 음성이 나오는 시스템이 아닙니다.

음성으로 대화하는 AI는 몇 가지 AI의 조화로 이루어집니다.

그렇다면 음성 대화는 어떻게 구현해 낼 수 있을까요? 정답은 바로 여러 개의 AI를 조합하면 됩니다. 음성으로 대화하는 장치는 문장을 구현해 낸 대화 시스템 이외에 소리를 문장으로 변환 해주는 '음성 인식 시스템'과 문장을 소리로 변환해 주는 '음성 합성 시스템'이라는 두 가지 시스템을 연계해서 만들 수 있습니다. 이 두 시스템은 '아나운서와 성우'에서 언급했던 AI와 같습니다. 음성으로 대화할 수 있는 로봇은 적어도 세 가지의 전문적 기능을 갖춘 AI의 조합으로 이루어지는 셈입니다. 음성으로 대화할 수 있는 로봇의 시스템 구성은 다음과 같습니다. 이 예시에서는 로봇에 입력한 음성이 대화 시스템을 한 번 거치지만, 로봇에서 곧바로 음성 인식 시스템으로 보내도 상관없습니다. 중요한 점은 사람이 봤을 때는 마치 AI가 하나인 것처럼 보여도, 사실 그 내부에는 다양한 기능을 갖춘 여러 AI가 조합되어 있다는 점에 있습니다.

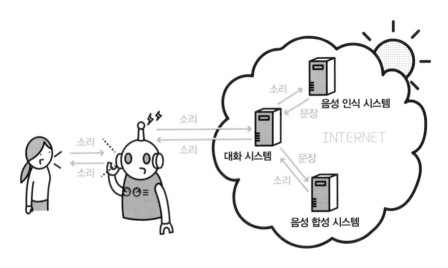

**음성 대화를 구현할 때 자주 사용되는 시스템 구성입니다.**

구체적으로 설명하자면 인간이 '한라산은 높이가 몇 미터야?'라고 말했을 때 그 말은 로봇을 통해 대화 시스템으로 전송됩니다. 그 후 대화 시스템은 입력된 내용이 음성이므로 우선 그 소리를 음성 인식 시스템으로 전송합니다. 음성 인식 시스템은 전송받은 음성에서 '한라산은 높이가 몇 미터야?'라는 말을 문장으로 인식하여 '한라산은 높이가 몇 미터야?'라는 문장을 대화 시스템으로 반환합니다. 문장을 받은 대화 시스템은 '한라산은 높이가 몇 미터야?' 에 대한 응답을 생성해 냅니다. 그러나 생성된 응답은 문장이므로 이 상태에서는 로봇의 음성으로 대답할 수 없습니다. 따라서 대화 시스템은 생성한 문장을 다시 음성 합성 시스템으로 전송하여 소리로 변환합니다. 변환된 소리는 대화 시스템을 거쳐 로봇에게 전송되고 로봇은 음성으로 대답을 출력해 냅니다. 물론 입력된 내용이 음성이 아닌 문장이라면 음성 인식 시스템과 음성 합성 시스템을 군이 사용할 필요가 없습니다. 또 그림 속 로봇의 부분은 AI 스피커나 스마트폰으로도 대체할 수도 있습니다. 음성이나 문장을 대화 시스템에 전달할 수 있는 장치라면 뭐든지 괜찮습니다.

## 로봇 선생님이 늘어난다면?

대화 시스템의 한계 때문에 지금은 질문에 대답하거나 간단한 대화만 나눌 수 있지만, 가까운 미래에 대화 시스템 기술이 더 발전하면 지금 선생님들이 가르치듯이 AI가 아이들을 가르치는 모습도 실현될 수 있을 것입니다. 만약 로봇이 선생님처럼 교육할 수 있게 되면 지금보다 선생님의 수를 더 많이 늘릴 수 있습니다. 그렇게 되면 각 학생의 이해도에 맞게 세심하게 교육할 수도 있을 것입니다.

하지만 교육은 지식을 전해주는 것이 전부는 아닙니다. 학생과 함께 놀아주기도 하고 혼내기도 하고 때로는 머리를 쓰다듬어주는 신체 접촉도 필요하죠. AI가 아무리 발전하더라도 로봇에는 없는 사람의 따뜻함이 필요한 상황이 없어질 일은 없을 것입니다.

CHAPTER

06

# 소설가

0의 상태에서는 1을 만들어내지 못합니다.

이 책의 앞 부분에서 AI는 0의 상태에서 1을 만들어내지 못한다고 말씀드렸습니다. 소설가는 0의 상태에서 1을 만들어내는 직업이므로 AI가 소설을 쓰는 모습은 마치 SF 세계를 연상시키기 충분합니다. 하지만 AI가 소설을 쓰게 하는 시도가 이미 이루어졌습니다. 물론 사람이 큰 틀이나 이야기 전개 등의 정보를 미리 제공해 줘야 하는 경우가 많으므로 아직은 AI가 스스로 창작해 냈다고 말하기는 힘든 상황입니다. 또한 작품의 완성도 사람이 쓰는 글의 수준에는 미치지 못합니다.

그렇다면 AI는 창작 활동은 수행해 내지 못할까요? 물론 0의 상태에서 1을 만들어내지는 못합니다. 그렇다면 사람이 이뤄내는 '창작'은 과연 어떨까요? 사실 사람이 이뤄내는 창작도 0의 상태에서 1을 만들어낸다고 볼 수는 없습니다. 인간에게는 지금까지 살아오면서 쌓아온 경험과 정보가 내재되어 있습니다. 이야기를 창조해 낼 때 그 경험과 정보를 활용하는 셈이죠. 이 또한 어떤 정보로 무엇을 만들어낼 때 사용하는 작업이므로, 분명 언젠가 AI도 수행해 낼 수 있으리라 생각됩니다.

AI에게 필요한 것은 대량의 데이터입니다. 그런 의미에서는 '이 세상에 소설이 무수히 존재하니까 그 많은 소설을 학습시키면 AI도 소설을 쓸 수 있지 않을까?'라고 생각할 수 있습니다. 하지만 소설을 쓰는 일은 그리 간단치 않습니다.

---

### AI에게 줄거리와 등장인물이라는 개념을 알려준다면…

AI가 소설을 쓰기 힘든 이유 중 하나는 소설이 그저 문장을 나열하는 작업이 아니기 때문입니다. 이는 마치 요리 연구가 부분에서 레시피 데이터를 학습하기 힘든 점과 비슷합니다. 소설은 그저 문장만 나열된 것이 아닙니다. 소설 안에는 큰 줄거리가 있고 그 줄거리 안에는 세세한 전개가 있으며, 또 그 전개 안에는 많은 등장인물이 있고 그 등장인물의 배후에는 관계성도 정의되어 있습니다. 그뿐만 아니라 이러한 방대한 정보는 모두 앞뒤가 맞게 연결되어 있어야만 합니다. 이야기를 대충 만들다 보면 한 인물이 어떤 때는 단 음식을 좋아한다고 말했는데 다른 날은 단 음식을 싫어한다고 말하거나, 줄거리의 기반이 되었던 내용이 모순되는 일이 발생하고는 합니다. 물론 이런 일은 사람이 소설을 쓸 때도 신경을 쓰지 않으면 일어날 수 있는 모순이기도 하죠.

AI는 글자를 이어붙이는 작업은 가능합니다. 쉽게 말해 한국어 문법에 반하지 않는 단어를 출력해 내면 됩니다. 하지만 단순히 문장만 출력한다고 해서 소설이 완성되지는 않습니다. 소설을 만들어내려면 하나의 줄거리 안에서 앞뒤 내용을 맞혀가면서 이야기를 전개해야만 하는데 그렇게 하기가 쉽지 않습니다. AI에게 줄거리나 등장인물이라는 개념을 어떻게 학습시켜야 할지 알 수 없기 때문입니다. 만약 미래에 사람이 그러한 개념을 어떻게 인식하고 있는지 알게 된다면 그 방법을 모방하여 AI에게 줄거리의 개념을 학습시킬 수 있을 것입니다.

AI에게 어느 작가의 문장을 모두 학습시키면
그 작가의 문체로 완전히 새로운 형식의 소설을 쓸 수 있을지 모릅니다.

AI는 아직 사람이 쓰는 수준의 소설을 쓰지는 못합니다. 하지만 만약 AI가 작가가 되는 날이 온다면 사람은 생각할 수 없는 뜻밖의 줄거리로 채워진 책을 읽을 수 있을 지도 모릅니다. 자신이 지금까지 읽었을 때 좋았던 책만 AI에게 학습시켜서 자신의 취향에 맞는 이야기가 전개되는 소설을 쓰게 할 수도 있습니다. 또는 AI에게 어느 작가의 문장을 모두 학습시키면 그 작가의 문체로 완전히 새로운 형식의 소설도 쓸 수 있을지 모릅니다. 일단 지금은 AI가 쓴 이상한 이야기를 즐기면서 언젠가 인간 못지않은 소설이 완성될 날을 느긋하게 기다려보는 것도 흥미있을 것입니다.

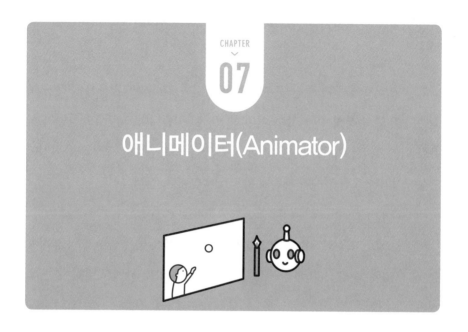

자동으로 중간 구분 작업을 수행할 수 있는 AI

애니메이션과 관련된 직업은 매우 많지만, 그중에서 가장 먼저 떠오르는 직업 중 하나는 애니메이터라고 할 수 있습니다. 애니메이터란 실제로 애니메이션이 될 그림을 그리는 직업입니다. 애니메이터도 여러 작업으로 분류할 수 있지만, 여기에서는 그중에서 영상이 될 그림을 그리는 애니메이터를 다루고자 합니다. 이 애니메이터는 어느 상태부터 어느 상태까지의 움직임을 한 장씩 그려서 해당 장면을 채워주는 '중간 구분'이라는 작업 공정을 수행해야 합니다. 처음 상태와 다음 상태의 그림은 '원화'라고 부릅니다. 즉, 중간 구분 작업은 원화와 원화 사이를 채워주는 작업에 해당합니다.

그렇다면 AI에게 이 중간 구분 작업을 시킬 수 있을까요? 사실 중간 구분을 자동으로 수행해 주는 AI는 이미 개발되어 있습니다. 다만 그 성능이 실용화 단계까지는 이르지 못했죠. 이 AI가 자동으로 생성한 그림의 움직임이 이상해지거나 그림 자체가 왜곡될 때도 있었습니다.

하지만 AI는 이전까지의 움직임을 보고 다음 움직임을 추측하는 작업 자체는 잘 수행해 냅니다. 따라서 온전히 중간 분리 작업을 AI에게 맡길 수는 없지만, 본래 필요한 중간 분리 작업 중 요소요소를 만들어둔 후 그 이외의 세세한 움직임을 자동으로 생성하는 작업은 거의 실용화 단계에 와있습니다.

구체적으로 예를 들자면 원화와 원화 사이에 그림 4컷을 그린 후, 그 4컷을 24컷으로 늘리고 싶을 때 사용할 수 있습니다. 4컷만 그렸을 때는 움직임이 끊기지만, 그 그림을 24컷으로 늘리면 아주 부드러운 움직임을 구현해 낼 수 있습니다. 중간 분리 작업은 처음에 제공하는 그림 4컷도 스스로 생성해야 하므로 창조적인 작업에 속합니다.

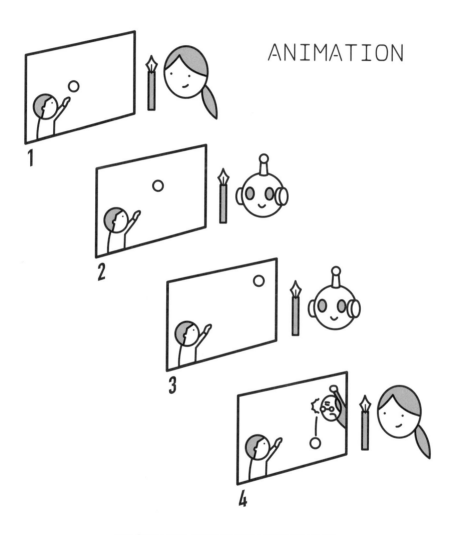

ANIMATION

AI가 원화와 원화 사이를 자동으로 그려 넣어 줍니다.

사실 창조적인 작업은 AI가 처리하기 힘든 분야지만, 중간 분리 작업은 원화에서 어느 정도 추측해 낼 수 있는 범위가 정해져 있으므로 미래에는 AI가 중간 분리 작업을 수행할 수 있을 것으로 예상됩니다. AI가 중간 분리 작업을 수행할 수 있게 되면 사람은 다른 작업에 시간을 투자할 수 있으므로 애니메이션의 질 향상을 기대할 수 있습니다.

## 작고 무수한 색으로 이루어진 점의 나열 속에 숨겨진 규칙성

디지털 그림은 픽셀(Pixel)이라고 하는 작은 점이 무수히 나열되어 있고, 그 점 하나하나에 색이 채색되어 있어서 전체적으로 보았을 때 하나의 그림으로 인식할 수 있게 되어 있습니다. 예를 들면 바다 사진인 경우 바다 부분에는 파란색 점이 무수히 나열되어 있고, 모래사장 부분에는 갈색의 점이 무수히 나열되어 있습니다. 그리고 채색하기 전 그림에는 흰색 점과 검은 점이 나열되어 있죠. AI는 이러한 점의 나열 속에 숨겨진 규칙성을 학습합니다.

그렇다면 애니메이션 관련 작업 중에서 창조적이기 때문에 AI가 수행하기 힘들 것 같은 캐릭터 설계 작업은 과연 어떨까요? 오리지널 캐릭터는 아무래도 만들기 힘들 테니 원작이 있는 작품을 애니메이션으로 만들기 위해 캐릭터를 애니메이션용으로 설계하는 작업을 가정해 봅시다. 물론 이 작업은 현재의 AI 수준으로는 수행해 낼 수 없지만 AI가 할 수 없다고 무작정 단정 지을 수는 없습니다.

AI는 학습할 데이터가 많이 있으면 그 데이터를 바탕으로 특징을 추출하고 기억할 수 있기 때문이죠. 예를 들면 어느 화가의 그림을 AI에게 학습시킨 후, 어떻게 그림을 그려달라고 사람이 지시하면 마치 그 화가가 그린 것 같은 그림을 그릴 수 있는 AI가 이미 있습니다. 그러한 기술을 애니메이션 캐릭터 설정에 응용한다면 어느 원화가의 그림을 AI에게 학습시킨 후, 어떤 캐릭터를 그리게 할지 AI에게 어느 정도 알려주면 그 원화가의 그림체로 캐릭터를 그리는 AI를 개발할 수 있을 것입니다.

AI는 창조적인 작업은 아예 수행해 내지 못하는 것이 아니라 창조적인 작업 일부분은 충분히 처리할 수 있습니다.

CHAPTER
∨
# 08

# 의사

무엇 하나 빠트릴 염려가 없는 AI 의사

의사처럼 전문성이 강한 직업을 AI로 대체한다면 사람들은 분명 신뢰하지 못할 것입니다. 하지만 사실 의료 분야와 AI는 서로 호환성이 매우 좋은 편이라서 이미 AI가 도입되어 있습니다. 인터넷이나 방송을 통해 의사가 발견하지 못한 질병을 AI가 발견했다는 뉴스를 한두 번쯤은 들어보셨으리라 생각됩니다.

의사가 해야 할 많은 업무 중에 우리가 가장 많이 접할 수 있는 부분은 환자의 증상을 보고 병명을 추정하여 치료 방법을 제안하는 일일 것입니다. 예를 들면 환자가 그저 감기인지 심각한 질병에 걸렸는지 판단할 때 의사는 지금까지의 경험과 지식을 바탕으로 판단을 내리게 되는데, 바로 이 일이 AI와 호환성이 가장 잘 맞는 작업입니다.

의료에 AI를 활용할 때 수많은 장점이 있지만, 그중에서 대표적인 것 하나를 꼽자면 'AI는 무엇 하나 빠트리는 일이 없다'라는 점을 꼽을 수 있습니다. 의사는 검사 결과나 문진 결과를 바탕으로 환자의 병명을 측정하지만, 장시간 근무 등으로 인해 피곤하거나 할 경우 아무리 주의를 기울여도 검사 결과나 증상 일부를 빠트려서 병명을 오인할 가능성이 있습니다. 이처럼 사람은 아무리 주의를 기울여도 실수를 저지를 수 있지만, AI는 데이터만 입력해 주면 어떤 항목을 절대로 빠트릴 일이 없습니다. 즉, 그 데이터 안에 진단할 만한 증상이 나타나 있다면 병명을 잘못 판단할 일은 절대 없다는 뜻입니다. 물론 이런 작업은 애초에 증상을 구분할 수 있도록 학습이 되어 있는 AI라는 전제가 바탕이 되어야 합니다. 의료에서 실수를 없앨 수 있다는 점만큼 큰 작업은 없을 것입니다.

또 다른 장점으로 생각하는 시간이 짧다는 점도 꼽을 수 있습니다. 대량의 데이터에서 무엇을 찾아내려고 할 때 사람은 데이터를 확인하는 것만으로도 아주 긴 시간이 걸립니다. 위독한 상태의 환자에게 어떤 치료를 해야 할지 추정하는데 10일 정도 걸린다고 말해야 한다면 큰 문제가 될 것입니다. 하지만

AI는 사람보다 훨씬 빠른 속도로 데이터를 처리할 수 있으므로 대량의 데이터를 활용하여 추정하는 작업에 매우 뛰어납니다. 앞으로 모든 의사의 일이 AI로 대체되지는 않겠지만, 다음과 같은 일은 AI로 대체될 가능성이 충분히 있습니다. 이 중에는 AI가 사람보다 더 월등히 잘 수행해 내는 업무도 있을 수 있습니다.

- 환자를 문진한다.
- 문진 결과와 그 외 검사 결과를 바탕으로 진단을 내린다.
- 진단 결과를 바탕으로 치료 계획을 세운다.

위 항목을 모두 처리할 수 있는 AI는 개발하기 힘들지만, 이를 개별적으로 처리할 수 있는 AI는 조금씩 개발되는 중입니다.

환자를 문진하려면 '고객센터와 콜센터'에서 설명해 드렸듯이 대화 기술의 발전이 전제되어야 합니다. 다만 문진도 기본적으로 태스크 지향형이므로 자유롭게 이야기를 나눌 수 있는 시스템보다는 실현 가능성이 큽니다. 물론 환자와 이야기를 나누면서 환자의 상태를 잘 들어주는 고도의 대화 기술이 필요할 때는 사람이 직접 업무를 봐야 하겠죠.

진단은 이미 AI로 일부분을 처리하고 있습니다. 사진에서 어느 암을 특정하는 정밀도는 인간보다 AI 쪽이 높다는 결과가 보고된 사례도 있습니다. 아직은 환자의 생활 습관이나 직업과 같은 환경 요인을 복합적으로 AI에게 가르쳐주고 그 정보를 바탕으로 판정할 수 없지만, 폐암이 걸린 환자의 폐 사진과 건강한 사람의 폐 사진을 학습시켜 사진으로 암 여부를 진단하는 AI의 개발은 지금의 기술로도 충분히 실현 가능한 수준에 도달해 있습니다.

"위궤양이네요."

**폐암에 걸린 환자의 폐 사진과 건강한 사람의 폐 사진을 학습시켜
사진으로 암 여부를 진단하는 AI는 개발할 수 있습니다.**

또 머신러닝은 사람은 발견할 수 없는 일정한 규칙과 패턴을 찾아낼 수 있습니다. 즉, 이는 수많은 질병과 증상이 담긴 데이터를 AI에게 학습시키면 지금까지 사람은 발견해 내지 못했던 질병과 증상의 관계를 알아낼 수 있다는 뜻입니다. AI에는 '선입견'이 없다는 점도 사람이 생각지도 못한 의외의 부분을 발견하는 데 도움을 줍니다. AI에게 진단 업무를 모두 맡기는 일은 아직 한참 먼 미래의 이야기가 될 수 있지만, 의사가 AI와 협력하여 진단하는 날은 머지않아 실현될 것입니다.

개인 정보 유출에 대한 문제가 중요합니다.

의료에 AI만 도입해 주면 많은 이점을 누리며 마치 순풍에 돛을 단 듯이 모든 일이 순조롭게 진행될 것처럼 보입니다. 하지만 현실적으로 우선 해결해야 할 문제가 있습니다. 이는 기술적인 문제가 아니라 개인 정보 보호나 환자의 사생활 배려에 관한 문제입니다. AI가 사용해야 할 증상과 질병 데이터 하나하나는 사실 누군가의 실제 신체 정보를 담고 있습니다. 데이터에서 개인을 특정해서 사용하지는 않지만, AI에게 개인의 매우 사적인 정보를 제공해야 한다고 생각하는 사람이 여전히 많습니다. 앞으로 의료 분야에 AI를 원활히 도입하려면 의료 분야에서 AI를 활용할 때의 이점을 설명하고 질병에 관한 데이터 집약의 중요성을 사람들에게 인식시키는 일이 매우 중요합니다.

CHAPTER
09

# 농부

---

경험 법칙을 학습시키면 누구나 이용할 수 있습니다.

농업과 AI는 언뜻 봤을 때 매우 거리가 먼 분야처럼 보일 수 있습니다. 그러나 농업에서도 AI 도입은 조금씩 진행되고 있습니다. 농업에 AI를 도입하면 여러 이점을 누릴 수 있습니다.

그 중 하나는 작업의 효율화를 꼽을 수 있습니다. 즉, 현재 사람이 직접 했던 작업을 AI에게 시킬 수 있다는 뜻입니다. 어느 정도 기계를 활용하는 농가에서는 효율화 면에서 큰 이점을 느끼지 못할 수 있지만, 작업을 더욱 고도화할 수 있다는 이점은 누릴 수 있습니다. AI는 지금까지 사용했던 기계보다 더 높은 정밀도로 작업을 수행할 수 있기 때문입니다.

AI를 농업에 도입할 때의 또 다른 이점은 명확히 지식으로 나타나 있지 않거나 나타내기 힘든 경험 법칙을 누구나 이용할 수 있다는 점입니다. 농업은 다른 직업보다 경험 법칙의 비중이 큰 직업입니다. 그럼에도 불구하고 그러한 경험 법칙은 특정 작업자의 기억에만 존재할 뿐 언어로 정리되어 있지 않습니다. 예를 들면 '오이는 이러한 기후가 계속되면 슬슬 수확해야 한다.'라는 등의 정보는 통계적 내용이 뒷받침되어 있지는 않지만, 작업자의 오랜 경험에서 우러나온 규칙과 같은 정보입니다. AI는 경험적이거나 통계적인 작업을 대체하는 일에 뛰어나므로 이러한 경험 법칙을 AI로 대체해 주면 훌륭히 소화해 낼 수 있습니다.

경험 법칙을 AI로 대체할 수 있다면 어떤 이점을 누릴 수 있을까요? 경험 법칙에 의존하여 지속적으로 오이를 수확해 왔던 농부가 슬슬 후계자에게 가업을 물려주려 한다고 가정해 봅시다. 그렇지만 가업을 물려주기 위해서 후계자에게 오이의 재배 방법을 전수했더라도, 아마 지금까지 해왔던 것처럼 오이가 잘 자라지 않을 것입니다. 왜냐하면 지금까지 몇십 년 동안 오이를 재배하면서 몸으로 익힌 경험 법칙은 후계자에게 제대로 전달할 수 없었기 때문입니다. 따라서 후계자는 이전 작업자가 갖추고 있는 경험 법칙을 다시 처음부터 스스로 익혀야만 합니다. 그러나 AI가 지금까지 경험 법칙에 의존했던 부분을 맡을 수만 있다면 후계자는 경험을 물려받을 수 있을 뿐만 아니라 물려받은 경험 위에 또 다른 경험을 더 쌓아 올릴 수 있을 것입니다.

농업에서 AI를 활용할 수 있는 부분은 아주 많습니다.

앞서 AI가 분류하는 작업에 매우 뛰어나다고 여러 번 언급했었는데 농업에서도 분류 작업이 필요할 때가 있습니다. 예를 들면 수확물을 출하할 때입니다. 오이를 생산하는 농가에서는 너무 많이 휘어있는 오이는 출하할 수 없으므로 수확한 후 오이를 분류해야 합니다. 오이가 출하할 수 있는 상태인지를 구분(너무 많이 휘지 않았는지 구분)하는 작업은 곧 오이를 '휘었다'와 '휘지 않았다'로 분류하는 일이므로 AI에게 아주 적합한 일이 아닐 수 없습니다.

"휘어져 있네…"

오이

O K        N G

AI가 오이의 상태를 판정하면 사람이 할 일이 줄어들 뿐만 아니라
일정한 기준을 유지할 수 있습니다.

그러면 오이의 상태를 판정하는 AI가 만들어지는 모습을 상상해 봅시다. 오이가 기준 이상으로 휘었는지를 판단할 수 있게 만들려면 기준 이상으로 휜 오이의 사진과 휘지 않은(출하 가능한) 오이의 사진을 대량으로 수집하여 그 내용을 AI에게 학습시키면 됩니다. AI는 이 사진들을 학습하여 오이가 휘었는지 아닌지를 판정할 수 있는 규칙을 발견해 냅니다. 즉, 입력된 오이의 사진을 보고 그 오이가 휘었는지 아닌지를 분류하는 것입니다. 이렇게 AI가 판단을 내릴 수 있게 되면 사람의 수고를 줄일 수 있을 뿐만 아니라 일정한 기준으로 계속 판정할 수 있으므로 안심하고 출하할 수 있게 됩니다.

## 수확할 때 날씨와 오이의 상관 관계

분류 문제를 조금만 변형해 주면 수확 시 오이의 상태도 예측할 수 있습니다. 좋은 농작물을 수확하려면 매년, 매일 다른 기상 조건을 바탕으로 수확하기 가장 좋은 시기를 알아내야 합니다. 이러한 작업 또한 아직은 경험 법칙을 기준으로 판단하는 경우가 많습니다. 만약 지금까지의 기상 조건과 수확 시 오이의 상태를 데이터로 보존했다고 가정해 봅시다. 예를 들면 아래와 같은 데이터를 말이죠.

| 4일 전 | 3일 전 | 2일 전 | 1일 전 | 수확일 | 상태 |
|--------|--------|--------|--------|--------|------|
| 맑음 | 비 | 비 | 비 | 흐림 | 나쁨 |
| 흐림 | 맑음 | 맑음 | 맑음 | 흐림 | 좋음 |

데이터를 보면 수확일 날씨가 '흐림'으로 똑같았더라도 그 전까지의 날씨 상황에 따라 오이의 상태가 달라졌음을 알 수 있습니다. 이 데이터를 활용하면 수확일까지 5일간의 날씨 정보로 오이의 상태(좋음 또는 나쁨)를 분류하는 문제를 해결할 수 있습니다. 즉, 수확일부터 4일 전까지의 날씨와 상태가 어떤지 기록한 데이터를 AI에게 학습시키면 지금 수확할 때의 오이 상태를 예측할 수 있다는 뜻입니다. 만약 상태가 안 좋을 것으로 예측된다면 상태가 좋다고 예측될 때까지 기다렸다가 수확해야겠죠.

다만 현실적으로는 날씨 이외에도 많은 정보를 입력해야 하며, 오이의 상태를 어떻게 파악해야 할지(어떤 조건을 갖춰야 할지) 등 고려해야 할 사항이 많으므로 오이를 분류하는 작업보다 훨씬 처리하기 힘듭니다. 그러나 센서 등을 설치하여 정보를 취득하고 데이터를 축적해 두면 언젠가 AI로 충분히 해결할 수 있는 문제입니다.

| 4일 전 | 3일 전 | 2일 전 | 1일 전 | 수확일 | 상태 |
|--------|--------|--------|--------|--------|------|
| 비 | 맑음 | 맑음 | 비 | 흐림 | (이 부분을 예측) |

CHAPTER

10

# 비서

일정은 '조율'이 중요합니다.

비서가 하는 일은 전화 응대, 문서 작성, 일정 조율 등등 아주 다양합니다. 이 모든 일을 AI로 대체할 수 있는 날도 오겠지만 아직은 AI가 처리하기 힘든 작업도 포함되어 있습니다.

예를 들면 전화 응대는 대화할 내용이 어느 정도 정해져 있다면 AI도 응대할 수 있겠지만, 전화를 건 상대가 무슨 말을 할지는 대화해 보지 않으면 알 수 없습니다. 지금의 AI는 자유롭게 대화할 수 없으므로 이 일은 아직 사람이 수행해야 합니다. 마찬가지로 문서 작성도 만약 작성할 문서가 어느 정도 규칙에 따라 작성할 수 있다면 AI도 처리할 수 있겠지만, 규칙에 따른 문서만 작성한다면 비서라고 할 수 없을 것입니다.

그렇다면 일정 조율은 어떨까요? 사실 이미 일정을 조율해 주는 AI가 탑재된 상품이 출시되어 있습니다. 여기서 말하는 일정 조율이란 상대가 보내온 메일 내용을 확인하여 자신의 일정 중에서 어디에 회의를 집어넣으면 좋을지를 조율하는 일을 말합니다. 단지 상대의 메일을 파악하여 말한 대로 일정을 등록하는 것이 아니라, '조율'을 한다는 점이 매우 중요합니다. 일정을 조율하려면 상대와 메일을 주고받아야 하므로 이 AI는 메일의 내용을 파악하여 일정을 확인한 후 상대에게 회신 메일까지 쓸 수 있어야 합니다. AI를 비서라고 부를 수 있으려면 이 정도 업무까지는 수행할 수 있어야 합니다.

AI가 전화를 응대하고 일정을 조율하여 상대에게 연락합니다.

AI는 데이터를 바탕으로 예측을 잘 할 수 있습니다.

그러면 사람 대신에 AI가 비서 일을 처리할 때의 이점을 생각해 봅시다. 가장 큰 이점은 바로 비용 절감입니다. 사람을 한 명 고용하려면 아주 큰 비용이 듭니다. 그러나 AI 하나를 도입하는 비용은 대부분 그보다 비용이 덜 듭니다. 물론 처음에 언급했듯이 비서는 처리해야 할 일이 많으므로 기본적으로는 AI 비서보다 사람 비서가 할 수 있는 일이 더 많습니다. 하지만 일정 조율처럼 AI가 잘하는 일은 머지않아 AI에게 맡기는 날이 올 것입니다.

일정을 조율하는 AI는 어떻게 구현해낼 수 있을까요? 메일을 읽고 회신할 내용을 작성하는 부분은 태스크 지향 대화와 매우 비슷합니다. 즉, 이는 일정을 조율한다는 목적을 가지고 대화를 한다는 뜻입니다. 처음부터 AI는 대상이 될 메일 자체가 회의 등의 일정 조율을 목적으로 보낸 메일인지 아닌지를 판정하고, 만약 일정 조율 관련 메일이 맞다면 일정을 어떻게 조율할지 이해할 수 있어야만 합니다. 이 업무는 화제가 회의 등의 일정 조율로 범위가 정해져 있으므로 자유로운 대화보다는 간단해 보이지만, 일반적인 태스크 지향 대화보다는 어려운 점도 있습니다. 그 점은 바로 AI 비서를 활용하는 사람의 일정 상황을 이해하고 그 상황을 고려하여 응답해야 한다는 점입니다.

AI는 분류하는 일에 특화되어 있다고 앞서 여러 번 언급했는데 사실 AI는 지금까지 축적해온 데이터를 바탕으로 다음에 어떤 상황이 벌어질지 예측하는 일도 잘합니다. 예를 들면 일정을 확인해 보니 수요일과 목요일이 비어있다면 어느 요일에 회의를 잡으면 좋을지 고민할 때가 있죠. 이런 상황에서 AI는 지금까지 그 사람의 일정을 확인하여 앞으로 어떤 예정이 생길지 예측할 수 있습니다. 그리고 수요일은 예정이 생길 가능성이 있으므로 목요일에 회의 일정을 잡아야겠다고 판단할 수 있습니다.

물론 AI에게 중요한 회의 조절을 맡기기 불안할 수 있습니다. 그래서 현실적으로는 AI에게 이러한 일을 모두 맡기지 않고 메일 내용을 작성할 때까지는 AI가 수행하고 송신하기 직전에 사람이 한 번 확인하여 AI와 사람의 협력으로 효율 있게 일을 처리하면 좋겠죠.

## AI에는 일반적인 상식이 존재하지 않습니다.

AI가 잘 대응하지 못하는 부분도 있습니다. 그 부분은 바로 AI에는 일반 상식이 존재하지 않는다는 점입니다. 예를 들면 '대체로 오전 11시~오후 2시 사이에 점심을 먹을 가능성이 있다'라는 점은 사람에게는 당연한 일반 상식이지만, AI는 알지 못하므로 미리 그럴 가능성을 알려줘야만 합니다. 만약 이러한 일반 상식이 나열할 수 있을 정도의 분량이라면 처음부터 규칙으로 만들어 알려줄 수 있겠지만, 이 세상에는 셀 수 없이 많은 '상식'이 존재합니다. 인간에게는 너무 당연해서 일일이 열거하기 힘든 상식도 있을 수 있습니다.

물론 단순히 AI에게 '낮 12시~1시 사이에는 예정을 넣지 않는다'와 같은 규칙을 가르쳐줘도 좋겠지만, 그렇게 하다 보면 융통성이 없는 비서가 되기 마련입니다. 시급한 업무임에도 불구하고 무조건 그 시간은 안 잡을 것이기 때문이죠. 또 상식이 없으면 1시부터 회의 일정이 잡혀 있을 경우, 메일을 회신할 때 상대방의 점심시간을 걱정하는 문장을 추가하는 등의 배려도 하지 못합니다.

그리고 비서의 업무 중 하나인 일정 조율도 단순히 조율뿐만 아니라 거래처의 담당자에게 좋은 인상을 남길 수 있도록 메일을 쓰는 것도 매우 중요합니다. 만약 AI가 메일을 썼다는 사실을 깨달으면 상대방에게 좋은 인상을 남기지 못할 수 있으므로 점심시간을 걱정하는 문자 하나를 넣는 배려도 앞으로 AI 비서가 본격적으로 활동할 수 있을지의 핵심이 될 것입니다. 즉, AI 비서가 성행하더라도 여전히 사람만 할 수 있는 일, 사람만 생각할 수 있는 일이 많을 것으로 예상됩니다.

CHAPTER
11

# 번역가

번역은 AI의 특기 분야라고 할 수 있습니다.

번역 업계에서는 이미 AI를 활발히 사용하고 있습니다. 여러분도 영어를 한국어로 또는 한국어를 영어로 번역하고 싶을 때 웹상에서 제공되는 번역 시스템을 한 번 정도는 활용해 본 적이 있으리라 생각됩니다. 만약 번역가가 번역하듯이 번역해 주는 AI가 존재한다면 언어의 장벽은 없어지고 세계의 양상이 순식간에 변하게 될지 모릅니다.

딥러닝을 다뤘을 때 언급했듯이 기계 번역은 머신러닝, 특히 딥러닝과 호환성이 매우 좋습니다. 또 '고객센터와 콜센터'에서 언급했듯이 아직 자유롭게 대화할 수는 없지만, 번역은 기본적으로 어느 문장에 대한 답변이 대부분 하나로 정해져 있습니다.

또 옳고 그름이 분명합니다. 자유로운 대화에서는 무엇이 옳은지 그른지 판단하기 매우 어려워서 연구를 진행하기 힘듭니다. 왜냐하면 사용자가 "어제 라면을 먹었어."라고 말했을 때 어떤 대답이 옳은지 그 누구도 정해줄 수 없기 때문입니다. 하지만 번역에서는 "어제 라면을 먹었어."에 대답을 거의 하나로 정할 수 있으며, 대답이 정답인지 아닌지를 명확히 말할 수 있습니다. 왜냐하면 번역하기 위한 규칙이 존재하기 때문이죠. AI는 어떠한 규칙에 따르는 작업에 특화되어 있으므로 당연히 번역도 잘할 수 있는 셈입니다. 그래서 기계 번역은 이미 실용화 단계의 AI가 다수 존재합니다.

**번역 업계에서는 이미 AI를 활발히 사용하고 있습니다.**

음성 시스템도 함께 사용합니다.

번역에도 다양한 형태가 존재합니다. 외국 서적을 한국어로 번역할 때는 문자를 문자로 번역하고, 영상 자막을 번역할 때는 음성을 듣고 한국어로 번역하게 됩니다. 또 여행 중에는 길을 묻거나 할 때 상대방에게 하고 싶은 말을 그대로 영어 음성으로 번역해야 하는 상황도 있을 수 있습니다. 위의 예시는 언뜻 보기에는 번역하는 방법이 다 달라 보이지만, 근본적으로는 모두 문자에서 문자로 번역을 하는 과정입니다.

'보육사, 교사, 학원 강사' 부분에서 언급했듯이 음성을 문자로 변환하거나 문자를 음성으로 변화해 주는 AI는 전용 AI가 존재하므로, 번역하기 위한 AI와 구분해서 생각해야 합니다. 목소리로 내는 말을 그대로 영어 음성으로 변환하고 싶다면 '보육사, 교사, 학원 강사'에서 썼던 대화 시스템을 번역 시스템으로 대체해 주면 됩니다.

딥러닝을 사용하여 번역할 수 있는 컴퓨터를 개발할 때 중요한 점은 번역 데이터입니다. 영어를 한국어로 번역하고 싶다면 영어 문장과 그에 대응하는 한국어 문장이 포함된 대량의 데이터가 필요합니다. 예를 들면 "I like apples."라는 영어는 "저는 사과를 좋아해요."와 같은 번역문이 하나의 세트로 묶인 데이터라고 볼 수 있으므로 이러한 데이터를 딥러닝을 활용하여 컴퓨터에 학습시켜야 합니다.

음성 인식 시스템, 음성 합성 시스템, 기계 번역을 조합하면 음성에서 음성으로 번역해 주는 시스템을 개발할 수 있습니다. 그런데 이런 시스템은 이미 상품화되어 있습니다. 물론 아직 번역가를 대체할 수 있을 만큼 뛰어나지는 않습니다. 하지만 현재 기계 번역의 진보를 봤을 때 서로 다른 언어를 사용하는 사람들끼리 자유롭게 대화할 수 있는 날이 머지않은 거 같습니다.

## 번역가가 하게 될 일은 번역 데이터를 만드는 일!?

일상 회화 번역뿐만 아니라 전문적인 내용을 번역해야 할 때도 있습니다. 그 예로 특허 문서를 들 수 있습니다. 특허 문서를 본 적 있는 사람이라면 알겠지만, 특허 문서는 보통 사람이 쓰는 문장과 엄청난 차이가 있습니다. 만약 컴퓨터가 일상적으로 사용하는 한국어와 영어를 학습했다면 이처럼 전문적이고 특수한 문장은 정확히 번역할 수 없게 됩니다. 특허 번역을 하고 싶을 때는 특허에 특화된 번역 데이터를 수집하여 그 내용을 학습시켜야만 합니다. 이처럼 머신러닝에서는 해결해야 할 문제에 맞게 데이터를 수집하는 작업이 매우 중요합니다.

최근에는 기계 번역시 단지 정확히 번역할 뿐만 아니라 마치 인간이 번역한 듯이 자연스러운 번역물이 나올 수 있는 연구도 한창 진행 중입니다. 기계 번역 기술이 계속 발전된다면 어쩌면 미래에는 번역가가 AI를 학습시키기 위한 번역 데이터를 만드는 일을 하게 될지도 모릅니다.

CHAPTER

# 12

# 미래의 AI와 일에 대해...

AI의 개요와 장단점을 알아봅시다.

앞으로는 언뜻 봤을 때 AI와 전혀 연관성이 없을 것 같은 직업이나 업무도 미래에는 어떠한 형태로든 반드시 관계를 맺게 될 것이라고 생각합니다. 그렇게 되었을 때 무조건 AI를 멀리하거나 무서워하지 말고 AI와 함께 협력해서 일을 처리해야 합니다.

AI와 함께 일을 잘 처리하려면 먼저 AI를 이해하고 있어야만 합니다. AI에 관한 숫자적인 지식을 익히거나 실제로 AI 프로그래밍을 하는 것이 아니라 'PART 1'에서 언급했듯이 AI의 개요를 이해하고 AI의 장단점만 알고 있으면 됩니다. 장단점만 알고 있으면 사람만 할 수 있는 일이 무엇인지 찾아낼 수 있습니다. 즉, 어느 부분을 AI에게 맡기고 어느 부분을 사람이 직접 처리해야 할지 알 수 있다는 뜻입니다. 물론 AI는 지금 처리할 수 없는 일도 미래에는 처리할 수 있게 되겠죠. 하지만 AI를 잘 이해하게 된다면 'PART 2'에서 언급했듯이 앞으로 다양한 직업들이 어떻게 변해갈지 어느 정도 예상할 수 있을 것입니다.

## AI에게 중요한 점은 '업그레이드'입니다.

또한 AI에게 모든 부분을 맡길 수 있는 일은 거의 찾아볼 수 없습니다. AI는 개발한 후에도 계속 업그레이드해 주어야만 합니다. 그러려면 지금처럼 전문적인 업무 지식도 갖추고 있어야 하며, 그 업무로 얻은 경험도 분명 도움이 될 테죠. AI를 업그레이드하려면 데이터가 필요하고, 그 데이터를 만들려면 업무와 관련된 깊은 식견이 필요하기 때문입니다. 따라서 앞으로는 업무 지식과 경험을 갖추고 있으면서 AI를 이해하고 AI를 위해 데이터를 준비할 수 있는 그런 인재가 필요해질 것입니다.